Pense sucesso, seja sucesso

Pense sucesso, seja sucesso

Descobrindo o seu dom e o caminho para as riquezas da vida

STEVE HARVEY

com Jeffrey Johnson

Tradução

Patricia Arnaud

AGIR

Título original: *Act like a success, think like a success*

Published by arrangement with Harper Collins Publishers

Editora Nova Fronteira Participações S.A.
Rua Nova Jerusalém, 345 – Bonsucesso – 21042 235
Rio de Janeiro – RJ – Brasil
Tel.: (21)3882 8200 – Fax: (21)3882- 8212/8313

CIP-Brasil. Catalogação na fonte
Sindicato Nacional dos Editores de Livros, RJ

H271p Harvey, Steve, 1957-
Pense sucesso, seja sucesso: descobrindo o seu dom e o caminho para as riquezas da vida / Steve Harvey; tradução Patricia Arnaud. – 1. ed. – Rio de Janeiro: Agir, 2015.
160 p.; 23 cm.

Tradução de: Act like a success, think like a success: discovering your gift and the way to life's riches
ISBN 978.85.220.3062-0

1. Motivação (Psicologia). 2. Motivação no trabalho. 3. Sucesso. I. Título.

CDD: 153.8
14-18053 CDU: 159.947.3

À minha querida mãe, Eloise Vera Harvey, que dedicou quarenta anos de sua vida como professora de escola dominical. Abençoou meu coração e minha alma com o dom da fé. Minha fé é a pedra fundamental da minha existência e de tudo que superei e de tudo que sou, e é por isso que amo tanto minha mãe e sinto sua falta cada vez mais a cada dia.

Ao meu pai, que teve como único objetivo me ensinar a ser um homem, e ele conseguiu, além de ter conseguido me incutir uma inacreditável ética profissional, motivo pelo qual lhe devo toda a minha carreira. Obrigado, pai.

À Marjorie, minha esposa, que apareceu e permitiu que tudo que meus pais incutiram em mim viesse à tona. Ela me serviu de inspiração e motivação. Ela é o amor da minha vida. Representa grande parte da razão de eu ser quem sou. Eu te amo, garota!

SUMÁRIO

Parte Três

COMO MAXIMIZAR O SEU DOM

Parte Quatro

COMO CRIAR O SEU LEGADO

INTRODUÇÃO

O SEU DOM ESTÁ CHAMANDO... VOCÊ ESTÁ PRONTO PARA ATENDER?

Lá estava eu andando em um jato particular com Cedric the Entertainer. Estávamos voando do set do *The Steve Harvey Show* para uma cidade onde iríamos atuar como The original kings of comedy, quando ainda éramos apenas eu, Bernie Mac e Ced. Todos na cabine de passageiros do jato estavam dormindo. Ao olhar pela janela, pude ver as luzes cintilantes da cidade abaixo. A única coisa de que me lembro é que lágrimas escorriam pelo meu rosto.

Até então eu ainda não tinha feito um balanço da minha vida e de todas as minhas bênçãos e realizações. Não conseguia acreditar que eu estava sentado em um jato G3 enviado pelos organizadores da turnê. Pensei: olhe no que a minha vida se transformou. Tinham me dito que eu nunca seria nada na vida. Mas consegui sair do miserável negócio de limpeza de carpetes; da venda de seguros, que eu não gostava; passei semanas na estrada sem shows; abandonei meu emprego; fiquei sem teto; e fui demitido. Percebi que eu tinha passado por muita coisa.

De repente, uma sensação avassaladora de realização tomou conta de mim e as lágrimas continuaram a cair. Eu me toquei que os meus sonhos estavam se tornando realidade. Eu quis ser um dos melhores comediantes do país e isso estava acontecendo. Com a divulgação da turnê recebemos o título The original kings of comedy e, na sequência, aparecemos e conseguimos provar que isso era verdade. Tornamos-nos a maior bilheteria de comédia de todos os tempos. A turnê rendeu 58 milhões de dólares! Meus sonhos estavam se tornando realidade bem na minha frente. Naquele jato, foi o primeiro momento que me lembro de ter sentido o sucesso, a alegria, a satisfação e o verdadeiro alinhamento com o propósito que Deus me reservou.

O sucesso para mim não tem a ver com o carro que dirijo, a casa em que vivo, o modo como viajo ou os trajes que uso. Parte do meu sucesso tem relação com o dinheiro que ganho e com as coisas que sou capaz de fazer para a minha família e para mim. No entanto, qualquer pessoa que me conhece bem vai dizer que o dinheiro é a parte menos importante do meu sucesso. Sucesso é ter o casamento dos meus sonhos com a mulher que me ajuda a ser o meu melhor; é expressar amor pelos meus filhos e ter a oportunidade de estar com eles enquanto construo e expando o meu negócio; é trabalhar pesado todo dia fazendo o que amo.

Sua definição de sucesso pode ser um pouco diferente, mas temos a tendência a desejar as mesmas coisas na vida, ou seja, paz de espírito, amigos e familiares queridos, boa saúde e um determinado nível de conforto financeiro. Seja qual for a sua definição de sucesso, este livro vai colocá-lo no caminho certo para alcançá-lo.

Gastar o dinheiro obtido com esforço para comprar *Pense sucesso, seja sucesso* é uma indicação de que você está pensando seriamente em levar sua vida para um novo patamar e obter tudo o que o mundo tem a lhe oferecer. Este livro não irá desapontá-lo. Escrevi estas páginas tendo em mente o perfil de muitas pessoas, desde um estudante universitário, um recém-formado em busca de seu caminho no mercado de trabalho, um aposentado à procura do que vem a seguir, até alguém que está no topo e tenta manter-se lá. É para aquele que está apenas começando, ou que decidiu parar de brigar com os obstáculos os quais está determinado a superar, ou que já subiu a montanha e não consegue mais encontrar motivação para continuar a subir. É para aqueles que caíram de posição; que seguiram parte do caminho e descobriram que isso não pode ser tudo o que o mundo tem a lhes oferecer. Meu primeiro livro, *Comporte-se como uma dama, pense como um homem*, ajudou milhões de mulheres a olhar de um modo diferente para seus relacionamentos e seu comportamento em relação a namoros. *Pense sucesso, seja sucesso* vai ajudá-lo a avaliar seus objetivos de vida e a determinar os meios para alcançá-los. Meus livros anteriores tinham como alvo mulheres como público principal. *Pense sucesso, seja sucesso* foi criado para capacitar qualquer um, homens e mulheres, jovens e idosos, novatos para o mercado de trabalho ou aposentados recentes. Este livro é enriquecido com um material interessante que pode ajudá-lo não importando o ponto em que esteja em sua jornada.

Pense sucesso, seja sucesso permite que você saiba que simplesmente existir não é suficiente. A vida é mais do que ter um trabalho sem vida, ganhar um relógio de ouro e ter um plano de aposentadoria. Sua vida deve ser mais do que apenas esperar pela oportunidade certa aparecer e encontrá-lo, e mais do que apenas passar o tempo observando os outros alcançarem o sucesso. As palavras deste livro vão motivá-lo a tirar o máximo proveito de sua vida através de algo que você já tem — o seu dom.

O meu dom é fazer as pessoas rirem. Você tem um dom muito especial também. O nosso criador, em sua sabedoria infinita, criou cada alma com um dom. Seu dom pode ser totalmente único ou semelhante ao de outra pessoa, mas saiba que ele é seu.

Quando usamos o nosso dom, o universo nos agradece dando uma abundância de riquezas, desde muitas oportunidades até boa saúde e riqueza financeira. Quando você não semeia no solo do universo, percebe que as coisas em sua vida tornam-se áridas e só pioram. No entanto, quando volta a semeá-lo com seu tempo, sua paixão e seu compromisso com os outros, o mundo oferece uma abundância de oportunidades para que você desabroche em um novo indivíduo. Incorporar o próprio dom em sua vida e compartilhá-lo com os outros vai lhe trazer alegria, paixão e um novo vigor para viver a vida de forma plena. Este livro lhe mostrará como manifestar o dom em sua vida.

E também aborda como é possível transferir o dom para outras áreas importantes da vida, por exemplo, contribuir para uma melhor relação de trabalho com o seu chefe, investir mais na sua comunidade ou dar mais apoio à família. *Pense sucesso, seja sucesso* fará com que você pense sobre como propiciar crescimento em sua vida de maneiras totalmente novas.

O sucesso que desfruto no momento não aconteceu de um dia para o outro. Tive que aprender a ser bem-sucedido, e a vida que tenho agora é literalmente um sonho que se tornou realidade. *Pense sucesso, seja sucesso* é repleto de informações sobre o que aprendi em minha jornada em direção à autorrealização. Quero compartilhá-lo com você para que também possa ver seus sonhos se realizarem.

A Parte Um do livro aborda a necessidade de ser verdadeiro em relação ao ponto onde se encontra neste exato momento. Seremos bastante honestos no que diz respeito a superar medos, abandonar limitações e abrir a tampa da vida.

A Parte Dois se concentra em ajudá-lo a determinar o seu dom. Após descobri-lo, darei dicas de como utilizá-lo para transformar sua vida. Você fará o que ama. Quando aproveitar essa oportunidade, perceberá grandes mudanças. A mudança inicial ocorrerá dentro de si. Você irradiará um brilho que servirá como um ímã, atraindo para perto de si outras pessoas com mentalidade voltada para o sucesso com gana e ambição. Você entrará em um reino de pensamento voltado para o sucesso. Além disso, discuto sobre a criação de um quadro de inspiração (*vision board*) que sirva como um lembrete constante para que você se mantenha no caminho em direção a uma vida melhor.

Depois de direcionar o seu dom, você precisará incrementar sua composição profissional para permitir que ele trabalhe melhor por você.

A Parte Três revela maneiras de aprimorar o seu dom. Os capítulos desta parte apresentam informações e ferramentas valiosas para realçar e utilizar o seu conjunto de habilidades. Incluem também conselhos para o estabelecimento de metas e sua relação com a transformação dos sonhos em realidade. Essas sugestões práticas podem ser implementadas imediatamente. Aprender a utilizar o seu dom não torna a vida perfeita, mas dá propósito e significado a ela.

Gostaria de lembrá-lo, leitor, que ser capaz de autoavaliar seu desempenho com honestidade é uma chave importante para o sucesso. Essa seção fala sobre o valor do tempo. Discorro sobre a necessidade de dizer não e de pedir o que quiser, assim como de lidar com a insegurança. E ainda apresento o conceito de que "todo aquele que vem com você não pode ir com você".

Pense sucesso, seja sucesso se encerra com palavras inspiradoras para incentivá-lo a compartilhar sua riqueza. Essa seção destaca três temas importantes: curar-se dos inimigos com sucesso, aprender os pontos principais para se ter uma vida equilibrada e permitir que as suas bênçãos abençoem outra pessoa.

Pense sucesso, seja sucesso não é para você simplesmente ler e sair andando sem passar por alguma modificação. O livro o envolve através da ferramenta "Ações de sucesso". Nesses espaços, eu o incentivo a anotar suas reflexões, aspirações e objetivos para a vida. Depois de começar, este instrumento vai servir como um "Plano de ação de sucesso". Seja responsável pelo que cria à medida que descobre seus dons e talentos.

Forme uma equipe, caso precise de ajuda, para se manter motivado e aplique as ferramentas para o sucesso. Todos na equipe devem ler o livro, compartilhar anotações e avaliar metas. Isso fornecerá o apoio de que possa precisar para alcançar o próximo nível de sucesso.

Além disso, criei uma comunidade on-line de pessoas que, assim como você, estão comprometidas com a proposta de *Pense sucesso, seja sucesso,* em www.actlikeasuccess.com. Através desta comunidade, é possível unir-se a pessoas do mundo inteiro que estão trabalhando para enriquecer a própria vida. Você pode usar esse site para desenvolver o próprio plano de sucesso. O site inclui uma área onde você pode acompanhar suas mudanças de ações e pensamentos, receber mensagens inspiradoras de algumas das pessoas mais incríveis do planeta, e até deixar o próprio testemunho sobre o seu crescimento.

Se você estiver no Twitter ou no Instagram, pode me enviar um *tweet* ou vídeo sobre o seu progresso para @ActLikeASuccess, usando a hashtag #IAmSuccess.

Muitos livros de autoajuda e desenvolvimento pessoal e profissional dizem que você precisa de algo que ainda não tem para alcançar a grandeza. Estou aqui para dizer que você não precisa frequentar outro curso, aprender outro idioma, entrar para um novo grupo de pessoas ou gastar o dinheiro que não tem. Para se tornar verdadeiramente bem-sucedido na vida, você precisa começar pelo seu *dom*. E sabe o que é tão legal sobre isso? Você já tem um dom! Sei que algumas pessoas ainda não sabem qual é o próprio dom. Outras podem ter uma ideia de qual seja, mas ainda não descobriram como reconhecê-lo, aperfeiçoá-lo e usá-lo para se chegar ao sucesso. Você tem todas as respostas aqui nestas páginas.

Em minha jornada rumo ao sucesso, cheguei à conclusão de que, tanto *permanecer* bem-sucedido, quanto *tornar-se* bem-sucedido é uma arte. Quando você age como um sucesso e pensa como um sucesso, pode ter todas as riquezas que a vida tem a oferecer. Este é o tipo de vida abençoada que eu quero que você comece a viver.

Parte Um

Quando é o bastante

CAPÍTULO 1

"ESTOU CANSADO DE MIM MESMO"

Falo sobre estar cansado de mim mesmo com uma relativa facilidade, porque o Steve Harvey que você conhece já esteve cansado de si mesmo em um determinado momento de sua vida. Eu, Steve Harvey, estava cansado. Estava cansado do meu modo de vida. Estava cansado de não ir a lugar nenhum. Estava cansado e farto de ser pobre. A pobreza tinha me esgotado. Foi exaustivo para mim ter que pensar em maneiras de prover o sustento e sobreviver. Era difícil ver coisas que eu queria ter e não podia. Eu estava completamente desgastado pela pobreza. Estava farto de mim mesmo por não utilizar o dom que Deus me deu. Estava cansado de mim mesmo por não ir atrás dos meus sonhos.

Naquela época, eu realmente não sabia como ir atrás dos meus sonhos, mas ainda assim não era desculpa, pois não saber não impedia o sentimento que eu tinha. Eu estava cansado de lutar, de ter que lidar com isso. Estava cansado de mim. Estava cansado de tudo. Estava cansado de ter decepção. Estava cansado de decepcionar outras pessoas, incluindo minha mãe e meu pai. Estava cansado de não ser capaz de enxergar o potencial em mim que os outros viam claramente. Estava cansado de viver em uma rotina.

Fiquei completa e totalmente cansado de mim mesmo. Estava exausto de procurar as respostas fora de mim. Mas um dia me dei conta de que a solução para a minha dor e para o meu desespero estava dentro de mim o tempo todo. Como minha mãe costumava dizer, parafraseando Fannie Lou Hamer: "Às vezes, filho, nada muda até que você fique farto e cansado de estar farto e cansado."

Vamos fazer essa viagem juntos, pois se você está cansado de estar farto e cansado, saiba que eu também estive.

Você está cansado de si mesmo?

Você está cansado de fazer as mesmas promessas para si mesmo, que nunca está motivado o suficiente para cumpri-las? Está cansado de dar desculpas por não realizar mudanças? Está cansado de se comparar aos outros e não estar à altura? Está farto de dizer a si mesmo "Amanhã vou fazer algo diferente", mas esse "amanhã" nunca chega? Bem, estar cansado de si mesmo é uma boa posição para se estar, pois significa que está pronto para realizar mudanças em sua vida, as quais resultarão em uma grande recompensa. Estou feliz que esteja finalmente aqui.

Quando você está nesta posição de cansaço de si mesmo, geralmente não se está sozinho. Todos em sua vida, desde a família até os colegas de trabalho, estão cansados de você e de suas desculpas já há algum tempo. Eles veem o seu dom e a dor que você causa a si mesmo por não explorá-lo. Mas tem o seguinte: as pessoas podem lhe dizer que estão cansadas de suas desculpas, mas enquanto *você* não se cansar de si mesmo, isso não vai fazer a menor diferença. Você terminou de se opor às oportunidades que poderiam facilmente terem sido suas no mês passado, no ano passado ou mesmo há uma década?

Na maior parte das vezes, as nossas crenças sobre nós mesmos são pensamentos aprendidos e internalizados que evoluem para comportamentos que assumem o controle de como operamos nossa vida no dia a dia. Em algum lugar ao longo do caminho, crescemos acostumados às nossas autopercepções, e permitimos que elas se oponham aos nossos dons e oportunidades. Tornamo-nos nossa própria oposição quando aceitamos o seguinte: procrastinar, mentir para nós mesmos, comparar-nos aos outros e ter dúvidas sobre nós mesmos, em suma, tudo o que nos atrapalha a nos tornarmos quem fomos criados para ser.

Então, o que é preciso para se chegar ao ponto de ruptura? O que será necessário para que você desperte do sono? O que o forçará a finalmente perceber que a vida que está levando está muito abaixo do seu potencial dado por Deus? Essa é a sua vida, e você deve vivê-la HOJE. Não pode se dar ao luxo de perder mais um minuto vazio, insatisfeito e menosprezado. Neste momento, e eu quero dizer *exatamente agora*, é a hora de tirar proveito dos sonhos, dos objetivos e das visões que manteve em seu coração por tanto tempo.

Jordan Belfort, autor do livro e inspiração para o filme *O Lobo de Wall Street*, disse: "A única coisa que existe entre você e o seu objetivo é esse papo-furado que você repete para si mesmo sobre o porquê de não poder alcançá-lo." Mas eu quero dar um passo adiante. Desculpas são mentiras com as quais você se convence para evitar provar que é digno do dom que lhe foi dado. Repita isso comigo: SEM MAIS DESCULPAS.

Quando era estudante na Universidade de Kent, em Ohio, EUA, a minha área era psicologia, mas eu estava na verdade me especializando em desculpas. Eu tinha um milhão de desculpas para não ir às aulas ou para justificar por que não podia pagar meu aluguel. Depois da faculdade, arrumava ainda mais desculpas para justificar por que eu ficava preso em empregos sem futuro e por que eu não perseguia o meu sonho de ser um comediante. Quanto mais eu repetia essas mentiras para mim mesmo, mais eu acreditava que não era digno de obter o meu diploma ou de estar em um palco fazendo comédia.

Até que um dia, eu estava contando a um amigo por que eu tinha abandonado a faculdade e, quando ouvi as palavras saindo da minha boca, percebi que não era culpa da faculdade ou culpa dos meus pais. No fim das contas, a culpa era *minha*. Eu tinha tudo o que precisava, mas a cada passo eu encontrava um motivo para não começar. Produzia barreiras para mim mesmo, de modo que eu não tivesse que ser responsável pelo meu dom.

Se você é como eu era, precisa parar de mentir para si mesmo com desculpas. Elas são tão vazias agora como eram quando começou a usá-las pela primeira vez. Preciso que você compreenda que os seus dons são oportunidades e que abrace esta certeza: *você* é um sucesso.

Agora, antes que pule essa seção e diga "Steve, não arranjo desculpas para a minha vida", espere. As pessoas que afirmam não arranjar desculpas, geralmente são as maiores infratoras. Você sabe quem você é. Você é uma pessoa Tipo A, que dá duro em sua carreira, mas normalmente é aquela que dá uma desculpa por perder o aniversário de um membro da família ou cancelar um encontro pela terceira vez. O sucesso não vive em uma parte de sua vida e se torna isento em outra. Se for fazer isso, tem que ser até o fim. Você tem que estar aberto a fazer uso de seu dom para abraçar suas oportunidades e mudar sua vida.

Quando comecei na comédia, eu era cauteloso em relação a deixar que as pessoas entrassem em minha vida. Eu estava tentando escrever como as outras pessoas. Eu realmente não desenvolvi uma identidade verdadeira de quem eu era como um comediante de *stand-up*, até que não tive mais medo de me abrir. Compartilhar a minha verdade me levou a muito mais material para piadas, incluindo o meu passado, o meu relacionamento com os meus pais, os meus relacionamentos fracassados e as coisas pelas quais eu estava atravessando naquele momento. Para desenvolver o meu dom, a primeira coisa que tive de fazer foi aprender a ser honesto.

Quando você se abre para ser honesto, pode lidar apenas com a verdade, qualquer que seja. Toda a sua verdade pode ser negativa, mas também pode ser positiva. Se revelar os pontos negativos sobre si mesmo, então você tem a chance de melhorar. Por isso é muito importante, quando algo dá errado em seu relacionamento ou em seu negócio, que a primeira pergunta a fazer a si mesmo é: "O que fiz de errado?" É uma oportunidade de mudar a si mesmo ou de corrigir a situação a qualquer tempo. Você não pode mudar outra pessoa. Se eu apontar um dedo a todos os outros e ignorar os três que estão apontados para mim, terei abandonado a minha chance de crescer, mudar e me desenvolver. No entanto, quando eu passar a prestar atenção aos três dedos que apontam de volta para mim, em seguida, e apenas então, eu vou crescer.

Muitas vezes você se concentra nos contras antes mesmo de considerar um pró. Não consegue sequer pensar sobre os benefícios de enfrentar seus sonhos, porque está muito ocupado se concentrando nas desculpas "e se", "o que poderia ser" e "porque não vai funcionar para mim". Você está disposto a perder anos de sua vida afastando-se de seus sonhos em vez de correr em direção ao seu destino.

A maldição da comparação

Algumas pessoas têm medo de dar um passo adiante em seus dons, porque estão muito ocupadas se comparando a alguém. Deus fez você, e o modo como faz o faz *exclusivamente* para você. O mundo não tem tempo de interagir com um representante, ele precisa que o você real e *autêntico* apareça e faça com que sua luz brilhe.

Não fique preso a pensamentos. Ora, há diversos palestrantes motivacionais por aí. Não trago nada novo. Pode ter cinquenta palestrantes motivacionais em sua cidade, mas você é o único que tem o seu conjunto particular de experiências, erros, lições, ciladas e triunfos, que podem fazer a diferença entre alguém que vive uma vida comum e essa mesma pessoa avançando para um futuro extraordinário. Você ficaria surpreso com o fato de sua história pessoal, sobre deixar sua pequena cidade e dar um salto de confiança na cidade grande, poder dizer a alguém muito mais do que, digamos, uma história contada por Les Brown jamais poderia. Use a sua energia para aperfeiçoar o seu jogo, e não o de outra pessoa.

"Não estou pronto para me sentar à grande mesa"

Frequentemente ficamos com esses estereótipos presos à cabeça sobre quem pode e quem não pode se sentar à Grande Mesa para tomar decisões. Nós nos excluímos antes do jogo começar, porque achamos que não temos a educação, formação ou experiência certa para nos comprometermos com uma nova oportunidade.

Quando chegar o dia em que você estiver em uma reunião que mudará o destino de sua empresa, não poderá se dar ao luxo de se afastar da mesa por achar que não tem títulos suficientes antes de seu nome.

Não me importo com a raça, o sexo, de onde veio ou qual é a sua situação financeira. Se Deus lhe deu a oportunidade de estar nessa posição, não perca tempo dizendo "eu não sou digno"! Pare de limitar o seu dom por não poder ver a situação como um todo. Você tem o mesmo direito de sentar-se à Grande Mesa que qualquer outra pessoa. Por muito tempo, as Grandes Mesas foram dominadas pelos mesmos tipos de pessoas e personalidades. Sente-se, fale com coragem sobre o que sabe, e acrescente o valor que estaria de fora da mesa se você permanecesse em silêncio. Aproveite a oportunidade de acrescentar à mistura seus talentos e habilidades exclusivos.

Precisamos estar conscientes da conversa que estamos tendo com nós mesmos sobre os nossos dons e talentos. O que você diz a si mesmo quando não há ninguém por perto? Quais são as conversas que você tem todas as manhãs no espelho consigo mesmo? Você fala da vida, de seus sonhos, ou repete os medos e ansiedades de outras pessoas? Você está carregando o seu dia com as Escrituras, afirmações e citações positivas, ou depositando dúvidas e angústias em seu espírito?

Alguns de nós reproduzimos os mesmos registros autodestrutivos tantas vezes em nossas cabeças, e por tanto tempo, que não sabemos como pensar de forma diferente sobre nós mesmos.

"Não sou inteligente o suficiente para fazer isso."

"Nunca vou ser tão bom quanto a minha mãe [ou pai]."

"Isso é bom para você, mas eu sei que não vai funcionar para alguém como eu."

"É muito difícil fazer isso."

"É muito tarde para eu chegar lá e fazer isso."

Você pode estar achando que está apenas tendo essas conversas autodestrutivas consigo mesmo, mas quanto mais repete essas afirmações em sua cabeça, mais essas palavras se tornam um casaco invisível de infelicidade que você veste todos os dias. Você pode achar que é a única pessoa que percebe suas palavras de derrota, mas elas aparecem em seu comportamento e no modo como se apresenta ao mundo.

Como se consegue uma nova canção sobre sua vida e seus sonhos? Você pode começar pequeno, com afirmações curtas:

"NASCI para fazer isso!"

"Deus tem um plano para MIM!"

"Sou MAIS do que um conquistador!"

"Meus sonhos PODEM se tornar realidade!"

Torne-se fluente na língua do sucesso

Aprenda a falar sobre sucesso com especialistas que são fluentes na língua do sucesso. Uma das melhores maneiras de aprender uma língua estrangeira é imergir completamente na cultura das pessoas que melhor falam a língua. O mesmo princípio se aplica para falar a língua do sucesso. Você quer estar perto de pessoas que sabem como falar de negócios de milhões de dólares. Quer estar em uma conversa quando a próxima organização sem fins lucrativos nascer. Quer que os seus ouvidos se acostumem a ouvir a próxima grande ideia que vai revolucionar o mundo.

Imagine o que você poderia conseguir se o seu discurso fosse preenchido com mais declarações que começassem com "eu posso" do que com "eu não posso"? Até onde os seus sonhos poderiam voar se você dissesse "Por que não eu?" em vez de "Por que eu?" com mais frequência? E, assim como quando se aprende uma nova língua, você ainda vai escorregar e dizer: "Eu poderia ter feito..." em vez de "Eu farei...". Cerque-se de falantes nativos em sucesso e, antes que se dê conta, começará a dar vida aos seus sonhos.

Algumas partes de sua visão são destinadas a serem compartilhadas em confidência, apenas com um mentor de confiança, um amigo ou membro da família. E alguns aspectos de sua visão, honestamente, não precisam ir além de seu momento de oração com Deus.

É preciso colocar o seu nome no contrato

Muitas pessoas estão perdendo o seu caminho na vida porque têm medo de assinar o contrato de seu dom. Você pode ver claramente o seu sonho, mas está perdendo tempo ao pensar demais no desconhecido ou falar com pessoas que não compreendem suas aspirações. Conheço muitas pessoas em Hollywood que saem por aí dizendo: "Sou garçonete por enquanto, mas na verdade sou atriz." Então por que ainda não está atuando? Se está empenhado em tornar seu sonho realidade, tem que colocar seu nome no contrato.

Você vai perder a verdadeira bênção de sua vida se não aceitar que o seu dom é o seu bilhete premiado e a chave para as bênçãos de sua vida.

Tudo o que você tem de fazer é se comprometer com o seu dom. Uma vez comprometido, o resto (ou seja, o dinheiro, as conexões e as oportunidades) vai começar a vir para você de uma maneira que nem pode imaginar. Deixe-me explicitar de outra maneira: quando você coloca esforço em seu dom, está dando a Deus algo para abençoar. Nunca tive como expectativa fracassar na comédia. Só tive expectativa de ter sucesso. Mesmo quando enfrentei algumas das minhas épocas mais sombrias, eu só me agarrava àqueles pequenos pedaços de luz ao longo do caminho até que se transformassem em um campo aberto de oportunidades.

Ações de sucesso

Quero que tire alguns minutos e pense em todas as desculpas que deu na semana passada. Anote-as na próxima página. Depois, circule ou realce aquelas usadas com maior frequência. Vamos chamá-las de "As 3 maiores desculpas". Anote-as na outra página. Abaixo de suas 3 Maiores Desculpas, anote três expectativas para substituí-las. Vamos chamá-las de "As 3 maiores expectativas".

Precisa de ajuda para definir os dois itens? Aqui estão as minhas definições:

Desculpas	**Por que não posso**
Expectativas	**Por que vou fazer isso**

Vê a diferença? As desculpas são barreiras autoimpostas, desvios e congestionamentos que tiram a pessoa de seu caminho para o sucesso. As expectativas são pistas bem abertas reservadas para aquelas pessoas que estão dispostas a pagar o preço pela excelência.

Quais são as novas expectativas que você pode criar em sua vida? O que vai começar a dizer para si mesmo quando a vida ficar difícil? Já as têm? Agora anote-as.

Minhas desculpas favoritas:

____

____

____

____

____

____

____

____

____

____

____

____

____

As 3 maiores desculpas:

1. ____
   ____
   ____
2. ____
   ____
   ____
3. ____
   ____
   ____

As 3 maiores expectativas:

1. ____
   ____
   ____
2. ____
   ____
   ____
3. ____
   ____
   ____

Se você estiver levando isso a sério, quero que dê um passo adiante: escreva suas expectativas em uma folha de papel em branco e assine. Essas declarações serão o seu compromisso consigo mesmo, marcando o início de sua jornada para o sucesso.

CAPÍTULO 2

MEDO E FRACASSO

Durante uma das minhas aparições no *talk-show* do bispo T. D. Jakes, fiz uma declaração ousada: "Sou a pessoa mais destemida que vocês vão encontrar pela frente." Não sei o que me fez dizer isso, uma vez que nunca havia dito algo assim antes em minha vida. Percebi que o bispo e sua equipe realmente gostaram do que eu tinha a dizer porque usaram aquela frase de efeito no filme publicitário promocional quando apareci no programa.

Mas a realidade é: tenho muito medo. Tive medo de continuar com o meu *talk-show* porque achei que poderia não dar certo. Tive medo de fazer radialismo porque não sabia se seria aceito em mercados o bastante para ser bem-sucedido. Tive medo de me comprometer com a turnê do The original kings of comedy. Quando Walter Latham veio até nós e disse "Vamos nos apresentar em estádios", fiquei com medo. A maior multidão para a qual eu já havia me apresentado até aquele momento era de cinco mil pessoas, e isso aconteceu em uma noite maravilhosa. Quando entrevistei o presidente Barack Obama, eu estava apavorado porque não queria estragar tudo. Antes de me apresentar no evento MegaFest, realizado pelo bispo T. D. Jakes para arrecadar fundos, me revirei na cama por três noites seguidas.

O meu momento de maior medo ocorreu quando fiz meu primeiro especial de uma hora da HBO. Nunca tinha tido tanto medo de algo em toda a minha carreira. O auditório Bell, em Augusta, na Georgia, EUA, estava completamente lotado, e eu estava nos bastidores posicionado atrás de uma cortina fina, esperando o show começar. Meu coração batia tão forte que eu conseguia literalmente ver o bolso da lapela no meu terno subindo e descendo. Ao olhar atentamente para as imagens desse especial, é possível até mesmo ver minhas mãos com brilho de suor.

Algo deu errado com o tempo de abertura das cortinas principais para começar o show. E eu estava ansioso, enquanto esperava atrás da cortina por uns seis ou sete minutos. No entanto, embora eu estivesse fora da visão do público, podia sentir o amor deles dizendo "Vamos, Steve. Não nos desaponte."

Quando a cortina por fim se levantou, a multidão foi à loucura. Agarrei o microfone e deixei-o balançar por um minuto para recobrar a calma. Quando finalmente comecei a falar, ouvi minha voz começar a tremer. Continuei a orar: "Senhor, por favor, me tranquiliza. Vamos lá, Senhor. Este é o meu único especial na HBO. Por favor, Deus." E adivinhem. Em cerca de 15 minutos, todo o meu nervosismo desapareceu e eu estava em chamas. Esse especial se tornou um dos meus melhores até a presente data.

O que aprendi com aquele momento é que, quando você enfrenta seus medos, eles não são tão grandes quanto achava que fossem. O que os torna grandes é o fato de você não se virar para enfrentá-los de cabeça erguida. Quanto mais evita os próprios medos, mais eles crescem em sua mente. Enquanto fiquei atrás daquela cortina com defeito, fiquei pensando: "Senhor Jesus, olhe para todas aquelas pessoas." Quanto mais ficava ali, mais eu percebia que poderia continuar a me preocupar com as 24 mil pessoas na sala e fracassar, ou poderia simplesmente ir até lá... e poderia realmente vencer. Na verdade, isso apenas acontece para decidir se você quer vencer ou perder.

O fracasso faz parte do processo

A maioria das pessoas fracassa porque fica paralisada pelo medo. É preciso optar: "Vou enfrentar meus medos e ver o que a vida *realmente* me reserva?" ou "Vou sucumbir aos meus medos e fazer exatamente o que sempre fiz?" Quando opta pelo último, você se prepara para o fracasso novamente, uma vez que nem mesmo tenta vencer. Quantas vezes evitamos fazer coisas na vida simplesmente porque temos medo de qual pode vir a ser o resultado?

Ensinei a mim mesmo a sempre tentar, mesmo que haja uma possibilidade remota de algo grande acontecer em minha vida e em minha carreira. É preciso aprender a se convencer de que a possibilidade é maior do que a inevitabilidade de não fazer nada. Escute, se você é um empreendedor apaixonado por seu produto, mas nunca oferece a ninguém o que está vendendo, nunca venderá o produto. Claro, há uma possibilidade de fazer o seu melhor discurso de vendas, em seu melhor traje e o público ainda dizer não. Mas e qual é o problema? Sabe quantas vezes me disseram não para roteiros de filmes, programas de televisão e especiais de comédia? Muito, mas muito mais vezes do que ouvi o sim.

Sabem quantas piadas eu escrevi e que ninguém deu risada? Milhares. Tenho um cemitério inteiro cheio de piadas mortas com lápides em cima delas.

Mas, falando sério, tirei aquelas piadas ruins das minhas apresentações e aprendi como me tornar bom no meu ofício. Há muitas piadas que desejei nunca ter escrito, e tem algumas de fechar o comércio. Mas adivinhem? Agora tenho seis especiais de comédia com oito horas de piadas originais de primeira linha, sem repetir uma única piada.

Quer ouvir algo chocante? Um percentual de 85% dos pequenos negócios, nos EUA, fracassa nos primeiros dois anos. Oitenta e cinco por cento! É fracasso demais.

Warren Buffett disse que nunca investiria num negócio em que o dono não tivesse fracassado pelo menos duas vezes. Adoro que pessoas realmente ricas e bem-sucedidas entendam que o fracasso faz parte do processo.

No entanto, é muito comum deixar de tentar novamente quando nos deparamos com o fracasso de um empreendimento. O fracasso poderia resultar de uma falta de planejamento financeiro, falta de recursos ou falta de uma equipe apropriada de profissionais. Mas você precisa perceber que o fracasso faz parte do processo quando está na estrada para o sucesso.

A única maneira de voltar à pista é vir com outro plano. Fracassei mais vezes do que sou capaz de contar. Mas você não pode deixar que o fracasso o impeça de perseguir seus sonhos.

O fracasso em Charlotte

Na época em que fiz comédia *stand-up* em tempo integral, aprendi rapidamente que a noite mais difícil não era a primeira, e sim aquela depois de uma realmente ruim. Tive uma experiência assim durante a primeira noite da turnê do The original kings of comedy em Charlotte, na Carolina do Norte, EUA. Minha mãe tinha acabado de falecer, e minha mente simplesmente não estava lá. Além disso, eu tinha acabado de terminar um especial de comédia ao vivo, e estava tão atordoado que nem mesmo quis assisti-lo.

Cada um de nós, do The original kings of comedy, deveria supostamente fazer uma apresentação de trinta minutos, mas Ced chegou lá e fez 47 minutos. A apresentação do Bernie foi tão boa que ele ficou lá por uma hora inteira! Eles arrebataram de tal forma o ambiente que a arena teve que chamar uma pausa obrigatória. Depois houve uma pane em uma peça do equipamento e a pausa acabou durando 45 minutos.

Aí, então, cheguei para apresentar o meu quadro, depois que essas pessoas já tinham passado por quase duas horas de comédia, entre Ced e Bernie, e mais uma pausa inesperada de 45 minutos. Quando subi ao palco, foi horrível. Eu estava contando piadas do meu especial de comédia. Não percebi que a maioria das pessoas já conhecia aquelas piadas. As pessoas estavam vaiando, discutindo, inquietas, e eu fiquei desconsertado. Tudo o que posso dizer é que foi uma noite difícil.

No caminho para o aeroporto na manhã seguinte, um DJ da cidade, chamado A.J., veio até mim. Ele disse: "Ced e Bernie estavam calorosos, mas o Steve não é um rei da comédia." Ele previu que a turnê seria um completo desastre. Eu conhecia esse cara pessoalmente, e fiquei ofendido por ele me tratar de forma tão fria. Quando chegamos ao aeroporto, deparei-me com algumas pessoas que tinham assistido à minha performance: "Steve, tudo bem. Nós te amamos de qualquer jeito." Apreciei o apoio deles.

Depois de entrar no avião e nos acomodarmos, comecei a escrever. Mais tarde, naquele dia, quando aterrissamos em Kansas City, eu me fechei no quarto do hotel, e escrevi, e escrevi, e escrevi um pouco mais. Antes que eu percebesse, já tinha escrito um quadro novo em folha de 45 minutos. Estava tão absorto escrevendo, revisando e praticando no espelho que, quando Bernie veio até o meu quarto para me pegar para o jantar, eu disse: "Não, vou ficar aqui e acabar de trabalhar nisso."

Na noite seguinte, em Kansas City, tive uma longa conversa com Bernie e Ced, e disse-lhes que tinham que manter a apresentação mais próxima a trinta minutos. Mas o Ced foi lá e fez quarenta minutos, e Bernie deu prosseguimento com 45 minutos. Era demais para eles respeitarem o limite de tempo. Houve um intervalo de vinte minutos depois de Bernie, e eu comecei a ficar com medo, porque eu tinha falhado feio em Charlotte.

Quando subi lá, eu arrasei. Deixei o palco aquela noite, e todas as noites pelos próximos dois anos, ovacionado de pé.

Nossas duas primeiras noites em Charlotte e em Kansas City me ajudaram a passar a olhar para o fracasso de forma diferente. Aprendi que o fracasso não tem que ser uma experiência definitiva na vida, do tipo "nunca mais farei isso", mas sim uma oportunidade de ganhar uma experiência valiosa de aprendizado. Eu sabia que em Kansas City, no início, seria uma noite difícil, mas se eu não tivesse passado por aquela noite tão horrível em Charlotte, nunca teria escrito aquele novo quadro de 45 minutos. O meu fracasso em Charlotte me deu a experiência que eu precisava para arrasar no palco, na noite seguinte, em Kansas City.

Muitas vezes, quando as pessoas se formam na faculdade, mal conseguem arrumar emprego. Por quê? Porque não têm experiência. Nenhum empregador quer contratar alguém que nunca tenha perdido antes, que nunca tenha fracassado anteriormente, ou que nunca tenha antes cometido um erro. Os empregadores querem alguém que tenha experiência com o fracasso, que tenha aprendido com isso, e que possa realizar o trabalho. Então, como pode ver, o fracasso não está aqui para derrotá-lo, e sim para lhe dar o poder de adquirir essas experiências de vida, a partir das quais é possível voltar e aprender repetidas vezes.

Como abrir as portas das prisões pessoais

Aprendi a buscar sabedoria a partir da vida de pessoas de todas as esferas da vida, incluindo homens e mulheres do sistema prisional. Muitas pessoas veem os presos como fracassados. A realidade é que eles deixaram de fazer o que era correto e foram pegos. No entanto, o fato de eles terem sido encarcerados não significa que eles fracassam em tudo. Isso depende da reação deles à própria situação. Eles podem ter limitações quanto à liberdade, mas adoro quando os presos dizem que o sistema prisional não pode possuir suas almas. Eles encontram a paz com as ações que os colocaram atrás das grades, pedem perdão por seus erros, e alguns até mesmo pedem desculpas para as vítimas de seus crimes. Muitos deles se empenham em serem pessoas melhores espírita, física e mentalmente. Alguns até mesmo colocam jovens sob suas asas e dizem: "Ei, não estrague sua vida como eu fiz. Se tiver a chance de sair por essa porta, fique fora, e não volte!"

Um novo dia surge para todos nós e, se esses homens e mulheres encarcerados podem encontrar luz e esperança dentro dos limites das paredes da prisão, como é que alguém que pode andar livremente por aí todos os dias ousa não ver a luz que brilha sobre nós?

Muitos de nós estamos confinados nas prisões de nossas mentes por não olharmos para nossa própria luz. Podemos facilmente ficar presos atrás das grades de um emprego sem futuro, um casamento sem vida ou uma situação financeira desesperadora. Temos que levantar todos os dias e optar por nos concentrar no positivo. Se optarmos por nos concentrar no negativo, não estamos caminhando em direção à nossa luz. Ao considerarmos como tragédias a nossa formação, o nosso status social e todos os percalços que já nos aconteceu, estamos deixando escapar a luz dentro dessa situação.

Veja, aqui está a luz de verdade: se você ainda acorda todos os dias, é porque Deus lhe reservou um grande plano que ainda não está concluído. Todo dia é uma oportunidade de ver sua luz como um dom. Todos temos oportunidades que nos são apresentadas diariamente. Essas oportunidades aparecem nas pessoas que conhecemos, nos convites que recebemos ou nas informações compartilhadas conosco. Nossa resposta a essas escolhas pode determinar a qualidade de nossas vidas.

As oportunidades estão nas decisões de cada um

Digamos que temos um jovem que decide que vai entrar em uma gangue. Podemos julgá-lo e chegar à conclusão de que ele não teve nenhuma oportunidade. No entanto, na verdade, ele teve oportunidades o tempo todo. Se ele tivesse usado seu tempo para terminar a escola, não tivesse deixado o emprego, não tivesse experimentado drogas ou ido à igreja conforme sugerido por sua avó, ele poderia ter tido acesso a um outro conjunto de oportunidades. Mas vamos ser realistas sobre essa situação: quem faz o que sempre fez, nunca vai melhorar na vida.

Você não pode se candidatar a um emprego quando pertence a uma gangue ou vende drogas. E não pode ter acesso às oportunidades certas se for preso e passar o resto de sua vida atrás das grades. A chave para as oportunidades está nas decisões de cada um. Para conseguir as oportunidades que se quer, é preciso tomar a decisão de mudar. Infelizmente, a mudança provoca desconforto em muitos.

Todas as nossas ações são interligadas e nos preparam para os momentos que estão por vir. Não sabemos quando, onde ou como nosso próximo grande momento vai aparecer. Acredito que seja este o motivo de Deus não nos mostrar o quadro completo de nossas vidas: se mostrasse, todos ficaríamos perturbados e desistiríamos. Se Deus tivesse me mostrado que eu seria um sem-teto e me casaria duas vezes, eu teria dito: "Não eu. O que mais você tem?" Se Deus tivesse me dado uma prévia que me permitisse ver que eu perderia todos os concursos de comédia dos quais participei, eu teria dito: "Você está brincando comigo."

Quando eu estava apresentando o *Showtime at the Apollo*, lembro-me de quando recebi Sean "Puffy" Combs pela primeira vez. Ele veio caminhando no palco com aqueles dois caras gordos, que mais tarde soube serem Biggie Smalls e Lil' Cease, e eu disse: "O que diabos esses caras vão fazer? Eles não estão nem mesmo cantando!" Achei que não fossem emplacar, mas Sean voltou uma outra vez, depois de ter assinado contrato com a Bad Boy Records, com um exército inteiro de pessoas, todas vestidas com camisetas de beisebol da Bad Boy.

Olho para todas as vezes que vi pessoas fracassarem e mesmo assim, depois serem bem-sucedidas. Olho para o meu próprio histórico de quantas vezes fracassei. Mas o fracasso é uma parte ENORME do sucesso. Se pelo menos compreendêssemos a necessidade de falhar. Não se pode vencer até que se perca. Quando você olha para um astro como Michael Jordan, é preciso perceber que ele não ganhou seis campeonatos apenas por ganhar, ele teve que experimentar a derrota muitas e muitas vezes.

Não considero mais o fracasso como fracasso. Agora o vejo como uma experiência valiosa, vivida e adquirida. Isso me dá a oportunidade de ver que aprender *o que não fazer* é tão valioso quanto saber *o que fazer*. Trata-se de um processo, e quando você é capaz de reconhecer e abraçar o processo do fracasso, fica um passo mais próximo do sim.

CAPÍTULO 3

RETIRE A TAMPA DO FRASCO

Ao avançar em direção ao sonho, é preciso tirar a tampa do frasco. Muitos de nós deixamos que a idade, a raça, o sexo ou a situação econômica nos oprimam e nos restrinjam de sonhar grande. Entretanto, você não pode se deixar oprimir pelo que seus pais fizeram ou pelas limitações de seu ambiente próximo. Você tem que tirar a tampa de suas expectativas e sonhar grande.

Já viu alguma vez o que acontece com uma pulga quando colocada em um frasco? A pulga pula alto o suficiente para que sua cabeça não bata na tampa. Se essas pulgas no frasco têm filhotes, os filhotes nascem com a mesma habilidade vertical de pular duzentas vezes o seu tamanho. No entanto, como eles estão em um ambiente em que apenas veem outras pulgas pulando até o ponto em que não batem a cabeça, começam a imitar o comportamento em seu ambiente. Você não pode se preocupar em imitar ou tentar imitar a ação das outras pessoas à sua volta. Você foi criado e destinado a escalar, pular e subir duzentas vezes o seu tamanho e até mais.

Quantas vezes permitimos que as impressões dos outros afetem nossa direção, altitude ou habilidade? Muitas vezes retardamos nosso próprio crescimento e impedimos nosso desenvolvimento por causa da opinião dos outros. Quantas vezes deixamos de progredir porque olhamos para a esquerda ou para a direita, e estabelecemos nossas ações com base na capacidade de outras pessoas? Não se prenda a essa armadilha de se comparar com outras pessoas. Liberte-se de desculpas e limitações.

Assim como uma pulga, todos nascemos com a habilidade de dar saltos verticais enormes. Embora de forma lenta, com certeza todos deixamos a vizinhança em que crescemos, ou a origem social, ou econômica de nossa família afetar a altura de nossos saltos. Tornamo-nos exatamente iguais àquelas pulgas no frasco, e deixamos que o meio nos impeça de alcançar nosso máximo potencial. Alguns de nós foram tão condicionados a se manter no frasco de suas limitações que, quando a tampa é finalmente retirada, não sabem como sonhar grande. Não conseguem imaginar que merecem qualquer coisa melhor do que aquilo que já possuem. Mas quer saber? Nós fomos criados para viver fora do frasco, independentemente da idade, do sexo, da raça ou das habilidades. Fomos projetados para pular tão alto e com tanta força que podemos literalmente romper a tampa onde quer que estejamos.

Lembro-me da primeira vez em que tive uma tampa colocada sobre minhas limitações. Eu estava na sexta série, e minha professora pediu que todos na classe escrevessem em uma folha de papel o que queriam ser quando crescessem. Todo mundo começou a escrever, e eu fiquei animado. Eu sabia exatamente o que eu queria ser quando ficasse mais velho: estar na tevê. Anotei isso no meu papel e o entreguei. A professora começou a chamar os alunos pelo nome e a ler em voz alta o que todos haviam escrito. Eu mal podia esperar que ela me chamasse.

Por fim, quando a professora chegou ao meu nome, ela disse: "Pequeno Stevie, levante-se e venha para a frente da sala." Quando comecei a caminhar para a frente da classe, eu sabia que tinha escrito algo tão profundo e poderoso que ela queria que eu compartilhasse isso com todo mundo. Eu era uma criança pobre com roupas de segunda mão e um problema de gagueira. Essa era a minha chance de mostrar a eles tudo o que o Pequeno Stevie era capaz de fazer.

Quando finalmente cheguei à frente, ela me perguntou: "Pequeno Stevie, o que você escreveu em seu papel?" Estufei meu pequeno peito e respondi com o orgulho de um vencedor da medalha olímpica de ouro: "Quero estar na tevê." Mas então ela me deixou confuso quando deu prosseguimento à pergunta: "Por que escreveu isso no seu papel?" Pensei: *"Bem, não foi isso que me pediu para fazer?"*, mas respondi com respeito: "Achei que era isso que você queria que fizéssemos, então escrevi que quero estar na tevê." A minha confusão se transformou em um horror quando ela perguntou:

— Você conhece alguém na tevê?

— Não, senhora — respondi.

— Alguém da sua família esteve na tevê?

— Não, senhora — respondi novamente.

Ela deu o golpe final quando disse:

— Stevie, você não pode estar na tevê. Leve este papel para casa e escreva algo mais realista, e depois traga-o de volta amanhã.

Fiquei zangado. Não entendi o que estava acontecendo. Ela me perguntou o que eu queria ser, e não o que meus pais queriam ou o que eu via outras pessoas fazerem. Disse a ela o que eu queria, e ela destruiu o meu sonho bem na frente da classe. A professora ligou para a minha casa antes que eu chegasse lá e, assim que eu entrei pela porta, minha mãe me perguntou: "O que foi que você fez na escola hoje?" Respondi-lhe o que tinha acontecido e ela então disse: "Rapaz, por que você simplesmente não escreveu algo que a professora queria no papel?" Fiquei naquela cozinha sem conseguir entender por que minha mãe estava tão chateada.

Na sexta série, eu ainda era uma pequena pulga que sonhava e pulava duzentas vezes o meu tamanho. Eu queria estar na tevê por causa do Bill Cosby. Quando surgiu a série de tevê *I Spy* (*Os destemidos*, no Brasil), o quarteirão inteiro ficava vazio porque todos corriam para casa para assisti-lo. Depois que vi Bill Cosby, eu sabia que não queria ser eletricista, médico ou advogado. Eu queria ser engraçado na tevê, assim como ele. Isso era tudo o que eu sabia.

Quando meu pai chegou em casa, minha mãe contou a ele o que havia acontecido e ele disse:

— Bem, o que há de errado com isso? Se esse garoto quer estar na tevê, por que ele não pode escrever isso na redação?

— Ela quer que ele escreva algo mais crível — retrucou minha mãe.

Ao que ele replicou:

— Se é isso que ele quer ser, então é bom ela começar a acreditar nisso.

Meu pai disse para eu ir para o meu quarto e que esperasse por ele lá.

Quando ele finalmente chegou, conversamos sobre o que a professora queria. Ele me falou para pegar uma nova folha de papel. Concordamos em escrever a palavra "policial" na nova folha e entregá-la no dia seguinte. E, em seguida, ele me falou para fazer algo que mudou a minha vida para sempre. Disse: "Steve, pegue aquele primeiro papel que você escreveu, coloque-o em sua gaveta de cima, e toda manhã, antes de ir para a escola, e toda noite, antes de ir dormir, leia aquele papel e acredite que um dia estará na tevê."

Agora, o Pequeno Stevie está na tevê sete vezes por semana. Não permiti que uma senhora, na sexta série da escola, com suas expectativas limitadas, me afetasse. Admito que foi prejudicial para mim durante algum tempo, mas aprendi como manter o sonho vivo.

Um dia, alguém tentou colocar a tampa nos meus sonhos e, horas depois, meu pai retirou a tampa para sempre. Naquela época, não percebi o que o meu pai havia feito por mim. Os pais podem ser uns dos maiores colocadores de tampa ao limitar seus filhos. Mas é preciso que você retire a tampa, independentemente de quem a tenha colocado ou há quanto tempo esteja lá.

A tampa ainda está em sua vida?

Eis algumas maneiras possíveis de se saber se a tampa ainda está em sua vida:

- Se não tem ânimo para acordar de manhã
- Se fica todos os dias sentado cheio de tédio
- Se tem tempo para fazer tudo aquilo que ninguém lhe pede para fazer
- Se tem tempo para assistir todos os seus programas de tevê toda semana e não perde um episódio
- Se tem dormido bastante
- Se os seus sonhos fazem sentido para todos ao seu redor
- Se pode alcançar os seus sonhos por conta própria

Se você reconheceu quaisquer destes comportamentos em si mesmo, ou disse *sim* à medida que leu a lista, você tem que retirar a tampa de sua vida e começar a viver o seu sonho.

Parte Dois

Descobrindo e abraçando o seu dom

CAPÍTULO 4

O INTERVALO ENTRE PERECER E SE SACRIFICAR PELO SEU SONHO

Provérbios 29:18 diz: "Quando não há visão, o povo perece."

O perecimento é uma situação perigosa em que se vive em uma existência mundana sem nem mesmo perceber. Aí está você, vivendo uma vida confortável, dirigindo-se para o mesmo emprego todo santo dia, fazendo as mesmas coisas. Conhece sua rotina tão bem que provavelmente é capaz de cumpri-la sem pensar. Não há sonhos ou aspirações à sua frente e, caso seja demitido amanhã, não saberia como buscar uma vida melhor.

Seria uma situação triste acordar uma manhã e perceber que você gastou anos vagando sem rumo em círculos, incerto sobre o seu propósito, desperdiçando seu dom e destruindo sua promessa. Que tipo de vida é essa? Você não pode se dar ao luxo de passar mais um dia sem ter uma direção e um foco claro para sua vida. Não estou falando isso como se eu estivesse em um pedestal. Compartilho isso com você porque estive nesse estado de perecimento, e não tinha ideia de como sair, até que criei uma nova visão para a minha vida e me comprometi a viver essa nova promessa.

Quando volto a pensar no meu passado, é doloroso lembrar o quanto a minha vida esteve desligada do meu verdadeiro ideal. Eu aceitava qualquer emprego apenas para pagar o aluguel e colocar gasolina no meu carro. Eu saía com qualquer pessoa que me ajudasse a passar o tempo. Quando não estava trabalhando, eu saía com pessoas que não me levavam para mais perto de onde eu precisava estar. Eu estava morrendo lentamente e, se eu não tivesse criado um novo ideal para a minha vida, provavelmente ainda estaria em Cleveland, pulando de emprego em emprego e fazendo as pessoas rirem aos finais de semana.

O perecimento, ou definhamento, nem sempre se refere a uma manifestação emocional melodramática ou à perda de todos os bens ao mesmo tempo. Na maioria das vezes, o perecimento é um processo lento e doloroso e, se você não prestar atenção, ele vai enganá-lo e fazê-lo pensar que essa é a maneira como as coisas devem ser. Ao deixar de ter um ideal, você se priva de toda bênção, todo relacionamento e toda oportunidade possível. Ficar sentado e simplesmente deixar a vida perecer sem um ideal é o tipo mais doloroso de morte.

Você está em estado de perecimento?

Como é possível saber se você está perecendo ou não? Vamos ser honestos em relação a isso. Você não pode ter a expectativa de criar uma nova vida e um novo ideal para si, se a preguiça fizer parte de sua rotina. A procrastinação não vai fazer com que o trabalho seja realizado. Fazer as coisas pela metade, de forma inadequada, ou não fazê-lo de jeito nenhum não vai permitir que o trabalho seja feito. A falta de entusiasmo não vai permitir que o trabalho seja feito. A insegurança não vai permitir que o trabalho seja feito. Não ser digno de confiança não vai permitir que o trabalho seja feito. Qualquer característica negativa que o desvie de seus sonhos não vai permitir que o trabalho seja feito. A negatividade nunca pode ser o combustível que alimenta o seu dom.

Você também pode dizer se está perecendo, ou em estado de estagnação, se for o mais inteligente de seu grupo. Se você for a pessoa mais inteligente no grupo, precisa obter um novo grupo. Você não pode ser a pessoa que sabe tudo e para a qual não se pode dizer nada, porque vai sufocar sua criatividade, assim como a criatividade das pessoas ao seu redor.

O que fazer com o seu intervalo

Uma outra maneira de colocar o estado de perecimento em perspectiva é perceber que um dia a própria vida vai chegar ao fim. Quer acredite ou não, haverá um caixão e um buraco no chão com o seu nome nele. O próximo velório poderia ser o seu. E o mais importante nesse dia não será a quantidade de flores que cercam o caixão ou a qualidade do coro que canta o hino favorito do falecido. A única coisa que vai importar é como você preencheu esse vão entre o dia em que nasceu e o dia em que morreu.

Não quero que você passe os dias preocupado com pensamentos de morte. Quero, na verdade, que viva sua vida pensando sobre como você vai fazer a diferença neste mundo. Se você ainda tem fôlego nos pulmões e sangue correndo nas veias, tem mais um dia para fazer valer sua trajetória. Se ainda tiver a bênção de acordar e ver mais um dia, é porque Deus tem um propósito, um plano e um destino para você.

A melhor maneira de começar a se mover do perecimento para a promessa é fazer o que chamo de Depósitos de Benfeitorias. Estes são simplesmente os esforços que você faz no dia a dia para chegar ao seu destino e que adicionam ao seu legado. Ler um livro que ajude a dominar o seu dom é um Depósito de Benfeitorias. O trabalho que você emprega para concluir um projeto que era para ser entregue hoje é um Depósito de Benfeitorias. Falar com os membros da família durante o jantar em vez de assistir tevê é Depósito de Benfeitoria. Qualquer atividade ou ação, seja pequena ou grande, que contribua para a qualidade de sua vida e de sua família é Depósito de Benfeitoria.

Cabe a você a forma como preenche o seu próprio vão. Deixe que hoje seja o dia de tornar a sua trajetória significativa, visto que esta é uma forma de chegar mais perto de seu destino.

Ações de sucesso

Liste três Depósitos de Benfeitorias que planeja fazer nas próximas vinte e quatro horas. Mande um Tweet ou Instagram para @ActLikeASuccess, usando a hashtag #DashDeposits.

1. ____
   ____
2. ____
   ____
3. ____
   ____

Agora que já tem alguns Depósitos de Benfeitorias em sua conta de sucesso, aqui estão algumas perguntas do tipo *sim* ou *não* a serem consideradas seriamente à medida que você sai do perecimento para chegar ao seu destino.

1. Independentemente de sua trajetória, está disposto a reconhecer, aprimorar e usar o seu dom para ser bem-sucedido?

2. Está aberto à mudança e ao desenvolvimento do seu pensamento sobre o sucesso?

3. Está disposto a mudar suas ações sobre o sucesso?

4. Está disposto a acreditar que você merece todas as riquezas que a vida tem a oferecer?

Se você respondeu *não* para qualquer das perguntas acima, dê este livro de presente para uma pessoa que esteja disposta a reconhecer o próprio dom. Dê a um amigo que você sabe que esteja buscando o sucesso, mas que ainda não tenha conseguido em seu emprego sem futuro. Na verdade, deixe-o na porta de um membro da família que queira ter um casamento mais saudável ou um relacionamento melhor com os filhos.

Agora, se respondeu *sim* a todas as perguntas, continue lendo, porque temos mais trabalho a fazer!

Mover-se em direção à terra da promessa

Não tem como você deslocar-se de um estado de perecimento para a Terra da Promessa, se não der um passo à frente e deixar que o mundo veja o seu dom. De que adianta ser um grande chef se tiver medo de deixar que alguém prove seus pratos? Que sentido faz ser um grande orador se você não permite que o mundo ouça sua voz?

É plenamente possível sacar dinheiro das economias para buscar o sonho da vida e um ano depois estar falido. Não é desejável, mas um salto de confiança poderia levá-lo de volta para o porão de seus pais. E o que é pior, saltar e cair e voltar a subir, ou viver a vida lamentando por nunca ter sequer saltado?

Você não pode deixar que o medo do desconhecido o impeça de seguir seu destino. Se Deus tivesse me dito que o meu caminho para ser um comediante de sucesso incluiria viver sem o meu carro, com divórcio e enfrentando uma taxa de imposto de 20 milhões de dólares, acredite, eu teria ficado exatamente na linha de montagem na Ford Motor Company. Porém, ter dado aquele salto para um território estrangeiro me preparou para pular mais alto e mais longe do que jamais poderia ter imaginado.

Viver no limite e esperar o melhor

Chegará o dia em que a busca de viver o seu sonho vai custar mais do que o dinheiro disponível em sua conta corrente e no cartão de crédito. O que vai impedi-lo de correr de volta para o antigo patrão e pedir seu emprego de volta? Enquanto sai em busca do sonho, é preciso estar preparado tanto para os tempos de penúria como para os tempos de abundância. Ninguém disse que a vida na Terra da Promessa seria fácil. Quando alguém lhe faz uma crítica dura ou lhe arrasa, é preciso ser suficientemente confiante para saber que o que Deus tem para você não pode ser retirado por causa da opinião de uma pessoa. Mesmo que suas responsabilidades financeiras exijam que você assuma um emprego de meio período para passar pela fase mais difícil, é preciso que você esteja comprometido com seu sonho até chegar à ruptura que você merece.

Quando você sabe que você sabe

Ninguém pode ver isso, além de você e Deus, mas você sabe que o seu potencial está aí. Não faz sentido, para a maioria das pessoas, neste momento, você gastar tanto tempo em algo que mais parece um passatempo inútil, mas você sabe em seu coração que esta é a chave para o seu futuro. No final das contas, sua resolução pessoal de nutrir e desenvolver o seu potencial será o fator decisivo entre o sucesso e o fracasso. Não me importa o quanto você é próximo da sua mãe ou o quanto o seu melhor amigo apoia o seu sonho. Se não sabe e não acredita no seu próprio dom, você nunca terá a vida que Deus lhe destinou.

Quando você de fato usufrui do seu dom, você simplesmente sabe. Quando faz o que está destinado a fazer, simplesmente consegue sentir. Quando aparece a oportunidade certa, não precisa forçá-la. Quero que seja capaz de *viver* em um espaço onde o seu sonho não seja mais uma questão de quem você é, mas a resposta para tudo o que você está destinado a ser.

Ficar motivado e permanecer focado

Sair do perecimento para a Terra da Promessa não vai funcionar se você não estiver motivado a permanecer lá. Achamos que a motivação vem de algum outro lugar, mas nossa maior motivação está dentro de nós. A única diferença entre pessoas bem-sucedidas e malsucedidas é que as bem-sucedidas sabem qual é o seu dom e como se concentrar nele a qualquer custo. Uma vez descoberto o meu potencial, persegui-lo tornou-se o meu único foco. Depois que deixei de me concentrar nas coisas insignificantes e passei a focar na minha promessa, comecei a me mover na direção certa.

Precisamos nos empenhar em retirar a tampa de nosso sonho a cada dia. A maior parte do mundo apenas quer que você arranje um emprego e faça alguém rico. Muitas escolas e programas de treinamento vão orientá-lo a trabalhar em uma empresa, sem levar em consideração seus anseios e sonhos. É preciso que elas estourem a tampa de suas vidas *a cada dia* e digam ao mundo: "Eu poderia estar neste lugar agora, e pagar as minhas contas e dominar o meu ofício, mas os meus sonhos estão lá fora!"

Ações de sucesso

Qual é o sonho fora do frasco e sem tabus que você tem para sua vida hoje? Não limite seus sonhos apenas à sua carreira. Pense em sua família, em seus relacionamentos e em suas contribuições para a comunidade ou para sua igreja. Você já tem suas ideias? Agora, anote-as aqui abaixo. Faça com que suas descrições ganhem vida com riqueza de detalhes.

____

____

____

____

____

____

CAPÍTULO 5

NÃO IMPORTA PARA O QUE TE PAGAM, MAS PARA O QUE VOCÊ FOI FEITO

Lembro-me perfeitamente do dia em que decidi mudar minha vida. Era uma terça-feira, dia 8 de outubro de 1985, em Cuyahoga Falls, Ohio, EUA. Eu tinha 27 anos, era casado e pai de gêmeas recém-nascidas. Embora eu estivesse animado por ser pai pela primeira vez, estava realmente em dificuldades. Morávamos em uma casa pequena com dois dormitórios e eu mal sobrevivia com meu emprego de tempo integral, e com as piadas que escrevia para o comediante A.J. Jamal. Uma noite, eu estava no Hilarities Comedy Club e conversei com uma mulher chamada Gladys Jacobs. Ela sabia do meu show com A.J.

— Por que você não escreve algumas piadas para si mesmo e se inscreve para a noite do microfone aberto que vai acontecer na próxima semana? — perguntou ela.

Concordei em me inscrever para o próximo show.

Fiquei por ali para ver Gladys fazer o seu show. Havia nove comediantes no palco naquela noite com Gladys. Alguns dos artistas eram bons, alguns eram ruins e, surpreendentemente, o cara que fez imitações do Bullwinkle e do Popeye foi o que mais impressionou a plateia. O apresentador chegou ao final da lista do concurso microfone aberto e o último participante não havia comparecido.

— Bem, por que não começar com os nomes da próxima semana? Se o Steve Harvey estiver aqui, venha aqui para cima — disse ele.

Eu estava lá sentado pensando na vida, comendo e tomando um suco de grapefruit. Coloquei o suco na mesa e disse:

— Gladys, alguém aqui tem o mesmo nome que eu.

Ela olhou para mim e disse:

— Seu tolo, ele quer dizer *você*. Levanta e vai lá!

Subi no palco e comecei o meu show de frente para a parede. Quando me virei, eu disse:

— Eu nem mesmo deveria estar aqui até a próxima semana.

Para minha surpresa, as pessoas começaram a rir. E continuei:

— Não, é verdade, não estou brincando. Isto foi um acidente.

A plateia continuava a rir, mas Gladys podia ver que eu estava tremendo.

— Conte-nos a história sobre os seus dias de boxe! — gritou ela.

Comecei a contar uma história sobre uma luta com um dos meus adversários mais cruéis, que recebeu o nome de Bernard Taylor. Entrei na brincadeira de fato e comecei a demonstrar como ele subia no ringue com um andar de pombo. A plateia uivava. Enquanto isso, o apresentador estava do lado do palco fazendo sinal para que eu pusesse um fim à apresentação, mas achei que ele estivesse me dizendo para continuar, então contei outra história. Depois, finalmente, eu disse:

— Bem, não consigo pensar em mais nada para dizer, então vejo vocês na semana que vem!

Depois que terminei, o apresentador reuniu todos os participantes de volta ao palco. Houve uma salva de palmas para o melhor comediante. Ganhei o meu primeiro show amador. O prêmio de primeiro lugar foi de cinquenta dólares!

Entrei no trabalho na manhã seguinte com cinquenta dólares, e ninguém poderia me dizer nada. Entrei na loja de cartões, no andar de baixo, e paguei 25 dólares para imprimir duzentos cartões com o meu nome, endereço, telefone e a palavra "Comediante" logo abaixo do meu nome. Esperei até que os duzentos cartões estivessem fora da máquina de impressão. Depois de impressos, peguei a minha caixa de cartões e subi a escada para mostrá-los para o meu companheiro Russell.

Quando vi Russell, ele disse:

— Onde você esteve na noite passada? Procurei por você e não consegui te encontrar em lugar nenhum.

Contei a ele que eu havia vencido um show amador em um clube de comédia.

— Um clube de comédia? É exatamente o lugar onde você precisa estar!

Mostrei-lhe os cartões.

— Estou pensando em abandonar o emprego — confidenciei-lhe.

— Bem, não pense. Faça! — ele disse.

Peguei uma caixa, limpei minha mesa e fui até o escritório do meu chefe para dar a notícia.

— Tom, olha, eu realmente agradeço a oportunidade, mas eu tenho uma família jovem, e na noite passada descobri o que realmente quero ser.

— Bom, e do que se trata, Steve? — ele perguntou.

Contei-lhe que ganhei o prêmio do show amador, no clube da comédia, e lhe comuniquei que eu passara a ser um comediante. Tom me olhou bem nos olhos e disse:

— Você ganhou um show amador e agora pensa que é um comediante, hein? Steve, nunca ouvi você dizer nada engraçado desde que está aqui.

Quis lhe mostrar que eu estava realmente falando sério. Dei-lhe um dos meus novos cartões de visita, que ainda estava quente da impressora.

— Escuta, Steve, você é um cara jovem com uma família jovem para sustentar. Não vá atrás de um sonho maluco. Agora pegue essa caixa, coloque suas coisas de volta na mesa, e vá se sentar. Vou fingir que isso nunca aconteceu — disse.

Deixei Tom me convencer a desistir. Dei meia volta e deixei seu escritório. Voltei para a minha mesa.

— O que você está fazendo? — perguntou Russell.

Disse-lhe que Tom me chamara a atenção em relação a pontos importantes, como ser responsável e cuidar da minha família.

— Então vai realmente deixar que esse cara lhe diga o que fazer com sua vida? Steve, deixe-me perguntar uma coisa: o Tom é o tipo de homem que você quer ser? — rebateu Russell.

— Não.

— O carro dele é o tipo de carro que você quer?

— Não.

— Então, por que raios você está dando ouvidos a ele? Steve, você é o homem mais engraçado que conheço. Eu realmente acho que você perdeu sua vocação ficando aqui. Mantenha suas coisas naquela caixa e vá embora.

Agarrei minha caixa pela segunda vez e voltei ao escritório do Tom. Expliquei a ele novamente que eu estava de fato falando sério sobre me tornar um comediante. Ele olhou para mim como se eu fosse o maior idiota do mundo.

— Tudo bem, Steve. Se você sair por aquela porta agora, não vou lhe dar o seu emprego de volta.

Agradeci mais uma vez e estendi-lhe a mão para me despedir, mas ele não aceitou, apenas disse:

— Você está fazendo um péssimo negócio, Steve, mas boa sorte para você.

Saí por aquela porta, dei um pulo, e nunca mais olhei para trás.

Agora, por favor, não entre no trabalho amanhã e peça demissão. Quero esclarecer que, durante os meus primeiros meses como comediante, achei que Tom tinha razão. Meu rendimento foi de US$125 no meu primeiro mês e, no segundo, foi um pouco pior, pois as minhas piadas valiam apenas setenta e cinco dólares. Acabei por perder a minha família e a minha casa. Achei que seria melhor cair na estrada, mas só piorou, e eu mal tinha dinheiro o suficiente para mandar uma parte para casa.

Mesmo sendo quase um sem-teto, eu sabia que estava fazendo o que eu tinha nascido para ser. Eu não tinha feito sucesso nisso ainda, mas estava a caminho. Eu sabia que tinha o dom para fazer as pessoas rirem desde os dez anos, mas não tinha ligado isso à ideia de "ser um comediante" até os vinte e tantos anos.

Quero dar uma informação muito importante: você tem um dom! Sim, você também tem um dom. O nosso criador, em sua infinita sabedoria, criou cada uma das almas com um dom. O seu dom é completamente único. Ninguém pode roubar isso de você. Você é o único que pode optar por usá-lo ou ignorá-lo. Você tem o poder de permitir que ele seja usado para enriquecer sua vida.

"Steve, qual é o *meu* dom?" O seu dom é a única coisa que você faz de melhor com o mínimo de esforço.

Reserve um tempo para realmente pensar sobre o que estou dizendo. Seja honesto consigo mesmo ao considerar as minhas palavras: *Você tem um dom.* Observe que não perguntei sobre qual era a sua paixão ou qual era sua expectativa, seu sonho ou seu desejo. O que você faz de melhor com o mínimo de esforço?

Não pense que o dom está limitado à prática de esporte ou à performance no palco. Há muitas outras opções. Você é um solucionador de problemas? Você é um ouvinte perspicaz que é capaz de transmitir as opiniões dos outros? Você tem a capacidade de reunir pessoas que possam, então, estabelecer relações para melhoria profissional, mutuamente benéficas? Você cozinha bem? Você é um excelente mediador? Você tem uma voz tranquila que pode elevar o espírito de uma pessoa? Você é eficaz especificamente em comunicação com crianças? Você pode desenhar ou pintar? Você gosta de desenhar roupas? A criação de arranjos de flor lhe dá prazer? O que o seu criador destinou naturalmente para *você* fazer?

Toda essa noção de "dom" pode ser desafiadora. Nós fomos condicionados a nos preocuparmos mais com empregos e títulos. O dom não é o emprego que temos e que achamos ser melhor do que o de outras pessoas. Tenho muitos amigos que fazem milhões de dólares, mas que odeiam o que fazem, porque estão usando seus talentos, mas não seus dons. Enquanto estiver tentando descobrir qual é o seu dom, não se deixe enganar pelas opções alternativas de carreira.

Alguns de vocês podem ter dificuldade para identificar o próprio dom, porque o relacionam ao trabalho ou o definem como o próprio trabalho. Eu entendo perfeitamente, e sei que isso é particularmente verdadeiro para os homens, porque muito da nossa identidade está relacionada à empresa em que trabalhamos e ao título que consta em nossos cartões de visita.

No entanto, trabalho não é dom. O dom pode até ser usado no trabalho. Mas você também deve ser capaz de usar seu dom em seus relacionamentos, suas comunidades e em cada aspecto de sua vida.

O dom é algo que está ligado a você, quer esteja a trabalho ou de férias, quer esteja com a família ou mesmo totalmente sozinho. O dom não pode lhe ser tomado por causa de redução de custos na empresa ou dado porque alguém cria uma descrição de trabalho. O dom existe porque você existe.

Aprendi que nenhum trabalho jamais poderia conter o meu dom. O meu dom e o seu dom são maiores do que um simples trabalho. Eu estava tão preocupado em conseguir shows que não percebi que o meu dom de fazer as pessoas rirem não tinha nada a ver com um palco de comédia. Fui capaz de ir além do "trabalho", que eu pensava ser o meu dom, e ver realmente o meu único dom me abrir espaço no rádio, na tevê, no cinema e, sim, até mesmo em livros. Observem que quando estou no rádio, faço as pessoas rirem. Quando faço o meu programa de tevê, faço as pessoas rirem. Quando apresento o *Family*

Feud, faço as pessoas rirem. O meu dom está sempre comigo, e faço uso dele para aumentar o meu sucesso.

Se você for um motorista, não quero que fique preso a "eu dirijo bem, então vou dirigir para uma empresa". Não, o seu dom é dirigir, mas usar o seu dom de maneira correta não é o de dirigir para uma empresa. Depende do que vai lhe dar a maior satisfação. Você pode ser um dos maiores motoristas em qualquer área e em qualquer campo se dirigir for seu dom de verdade. Você terá a capacidade de se tornar muito bem-sucedido com o seu dom ao dirigir. Garanto a você que será muito mais emocionante se puder levantar de manhã e dirigir para si mesmo ou gastar seu dia desenvolvendo jovens motoristas que vão trabalhar para você. Ou talvez o uso correto de seu dom seja o de fornecer transporte para a igreja local ou para os membros idosos da comunidade. Veja, seu dom não precisa se tornar uma profissão. Pode ser algo que você faça voluntariamente para servir sua comunidade, por exemplo. Se servir traz prazer, você será recompensado pela alegria que isso traz à sua vida.

O dom de alguém pode ser servir. A sua vida inteira pessoas disseram que o único lugar em que seus dons fazem sentido é na igreja ou no terceiro setor, que é o setor sem fins lucrativos. Bem, esses podem ser os lugares propícios para que você prospere ou para os quais sentiu um chamado.

Há uma indústria enorme de serviços. Nem consigo dizer quantas pessoas que prestam serviços, da porta até o escritório executivo, fazem a minha vida melhor em hotéis, restaurantes, spas e em locais de eventos. Você poderia um dia ter o próprio hotel ou ser um gerente geral do melhor restaurante da sua cidade. Tudo o que você precisa é o seu dom do serviço para tornar a vida das pessoas mais agradável.

O que o seu dom não é

A paixão é uma emoção forte associada ao que você faz. Paixão é um sentimento, mas nunca é o dom em si. Algumas pessoas não apreciam o próprio dom, porque ainda não se permitiram realmente fazer uso dele. Quero que você tenha paixão pelo seu dom, à medida que aprende a reconhecê-lo e a aperfeiçoá-lo, mas não confunda o entusiasmo que sente por outra coisa com o seu dom.

Finalmente, o dom não é o talento. Na verdade, o que fazemos bem, às vezes nos impede de descobrir o que fazemos muito bem. Penso nos talentos como o que há de menos importante para o dom de alguém. Os talentos podem ser aprendidos, enquanto o dom é inerente. O seu dom não pode ser estudado por outra pessoa e ser desempenhado com a mesma competência. No entanto, nossos talentos muitas vezes nos levam a pôr o nosso dom em ação.

Use os seus talentos, mas saiba que é o seu dom que o coloca na presença de grandes pessoas. O Provérbio 18:16 diz: "O dom do homem alarga-lhe o caminho e coloca-o na presença dos grandes homens."

Após identificar o seu dom e decidir usá-lo, ele o ajudará a cumprir o propósito e a missão de sua vida. Diante de você estará uma grande oportunidade para viver uma vida de riquezas. O seu sucesso estará vinculado ao dom que lhe foi dado livremente no dia em que nasceu. O seu dom vai desmistificar todos os mistérios de sua vida. Sua missão, seu propósito e seu destino estarão todos vinculados a uma única coisa: *seu dom*. Garanto que a sua vida como um todo terá um novo significado e uma nova direção quando você reconhecer o seu dom e se decidir pela maneira mais valiosa de usá-lo.

Reserve um minuto para responder às seguintes perguntas que irão ajudá-lo a identificar o seu dom.

Ações de sucesso

1. O que é que você faz de melhor com o mínimo de esforço?

____
____
____
____
____
____
____
____

2. Qual é o dom que as pessoas associam a você? Por quê?

____
____
____

3. Se você seguiu o conselho dessas pessoas, de que forma empregou o seu dom?

CAPÍTULO 6

CONHECENDO O SEU DOM E USANDO-O DA MANEIRA CORRETA

Steve Jobs foi verdadeiramente um dos maiores inovadores norte-americanos dos últimos trinta anos. Foi um mestre criando a tecnologia que você nem mesmo sabia que precisava, até que ele mostrasse como ela poderia revolucionar a sua vida. Toda vez que você entra na loja da Apple e abre uma caixa com o logotipo dela, você sabe que vai adquirir um pouco daquela magia de Steve Jobs em suas mãos.

Steve Jobs tinha um dom para ver a tecnologia de tal forma que acabou mudando o modo como vivemos nossas vidas. Alguns de vocês são até mesmo viciados em seus iPhones e iPads.

A capacidade de inovar e transformar a tecnologia foram o dom e a marca que ele deixou para o mundo. A combinação da utilização do seu dom e infundi-lo com as habilidades e talentos pessoais é o que chamo de dom registrado.

Semelhante a uma marca registrada, o seu dom registrado é a marca que você deixa no mundo toda vez que usa seus talentos e habilidades natas à sua capacidade máxima. Você sabe, sem sombra de dúvidas, o que esperar toda vez que compra uma caixa com um logotipo da Apple ou se senta atrás do volante de um carro com a insígnia da BMW. Seu dom registrado deve ser o que os outros esperam *toda* vez que o contratam ou pedem para que faça parte da equipe deles. Seu dom registrado é o tempero que você adiciona ao dom, para mostrar que ele faz parte do seu DNA. Quando você se senta à mesa, todos sabem que verão o seu dom do jeito que só você sabe usar.

Se você é um organizador de eventos, quando alguém vai a um deles deve ver imediatamente o seu dom registrado expresso na maneira como as mesas estão dispostas, ou refletido na iluminação do ambiente. Se você é um *life coach*, as pessoas deveriam poder ver uma transformação única na vida profissional e pessoal de seus clientes, que reflita a sua energia especial. Seu dom registrado é o que vai diferenciá-lo dos outros.

Digamos que temos dois barbeiros que fazem o pé de cabelo mais ou menos. Mas, a diferença entre o que tem clientes fazendo fila para sentar em sua cadeira e o que não consegue manter gente na cadeira é o dom registrado. O dom do bom barbeiro poderia ser tão simples quanto saber como se comunicar com um cliente ou lembrar que o filho do outro cliente tem um couro cabeludo sensível.

Depois que descobrir o seu dom, é preciso encontrar aquele toque diferenciado que vai fazer com que ele se destaque e brilhe. O que você faz com o seu dom depende totalmente de você. Recomendo que o canalize para compartilhar com o mundo de diversas maneiras.

Nunca é tarde para abraçar o seu dom. Reconheço que a maioria das pessoas, até mesmo você, está a apenas alguns passos de começar a transformar o que poderia ter sido no que pode ser.

Depois de ter identificado o seu dom, você precisa olhar ao redor para descobrir a maneira correta de usá-lo. Ela vai lhe dar o transporte necessário para percorrer o seu caminho e avançar em direção ao futuro. Quando começar a procurar pela formas adequadas de expressar o seu dom, vai perceber que elas estão em toda parte ao seu redor. As pessoas que são bem-sucedidas de verdade usam a maneira correta de expressar o seu dom para poderem trabalhar voltadas ao próximo aprimoramento que irá levá-las a um degrau ainda mais elevado do sucesso.

Seu veículo hoje

O que mais gostei em relação ao lançamento digital, autointitulado "surpresa", da Beyoncé, não foi a música. Não foi o fato dela ter chocado o mundo e simplesmente decidido abrir mão de todas as ferramentas típicas de marketing e promoção e lançar o álbum assim... *Pow!* Adorei o fato dele estar repleto de imagens de Beyoncé como cantora mirim, e a estrada que ela seguiu para se transformar em Beyoncé, a cantora que lota estádios. Há um trecho que mostra ela com um grupo chamado Girls Tyme. Em um concurso, elas perderam para uma banda de garotos que ninguém nunca mais ouviu falar. Hoje em dia, quando estrelas, magnatas de negócios e até atletas fingem ter virado um sucesso da noite para o dia, leva as pessoas a acreditarem erroneamente que devem vincular imediatamente o seu dom a um veículo de um milhão de dólares. A maioria das pessoas nunca ouviu falar das Girls Tyme, mas aquilo foi apenas um dos caminhos que Beyoncé trilhou antes das Destiny's Child, antes do *Sasha Fierce* e antes do *Mrs. Carter*. Beyoncé usou o veículo que estava disponível para ela, naquele momento, para que pudesse batalhar visando à próxima oportunidade de sua vida.

Você não tem que empacar sua jornada tentando encontrar um veículo que vá acompanhá-lo até o seu destino final. O primeiro condutor que vinculou a si, inicialmente, pode não ser o mesmo a terminar o seu percurso. Basta conectar-se a um caminho que mantenha o seu dom em movimento. É só pensar nisso como se fosse pegar um ônibus para se deslocar de uma parada até a próxima. Muitas vezes é necessário pegar outro ônibus para completar o percurso. E depois ainda terá que fazer outra baldeação, que vai levá-lo para seu segundo veículo.

Não vinculei o meu dom a uma direção certa chamada "ser um comediante" até eu estar próximo dos meus trinta anos. A minha primeira tentativa foi um show amador gratuito. A minha próxima viagem foi um show que pagava vinte e cinco dólares. Ora, um veículo de vinte e cinco dólares com certeza não podia me conduzir ao nível em que me encontro hoje. Mas foi um começo. A transferência veio quando me tornei ator, o que me levou de US$ 350 por semana para US$ 750 por semana.

A próxima baldeação que peguei me conduziu a ser um comediante nacional importante que ganhava, em qualquer lugar, de US$ 1.500 por semana em clubes pequenos de comédia para mais de US$ 60.000 em espaços maiores. Meu próximo veículo me levou para um estilo de vida com ganhos de US$ 25.000 por noite.

Meu próximo veículo me levou a me tornar o apresentador do *Showtime at the Apollo*. A partir daí, essa empreitada me deu exposição nacional na tevê, o que levou então a um programa de televisão chamado *Me and the Boys*. Esse programa me levou para o *The Steve Harvey Show*. Depois disso, tornei-me um dos The original kings of comedy. Essa plataforma me levou para a estratosfera do que me propus a ser em primeiro lugar, ou seja, um dos principais comediantes *stand-up* do país.

Será que você está muito ocupado procurando um veículo de luxo agora que o seu novo "orçamento do dom" não é suficiente para custeá-lo? Preciso que você esteja aberto a se conectar a um veículo que complemente o nível atual do seu dom e possa levá-lo ao próximo nível. Isso significa começar agora, onde você estiver. Por onde você pode iniciar a jornada hoje? Quais os passos ou o veículo ao qual você pode se conectar?

Digamos que você seja um cabeleireiro. Você pode começar a cuidar de cabelos na cozinha da própria casa? Pode progredir e conseguir um espaço ou uma cadeira em um salão de cabeleireiro local? Será que está disposto a ter o trabalho para obter a licença de cosmetologia? Está disposto a aprender com alguém que sabe mais do que você? Nunca tenha medo de se colocar em uma posição inferior para aprender com alguém que saiba mais. Ninguém pode ensinar melhor do que alguém que já passou pela mesma experiência.

Você não é o famoso cabeleireiro britânico Vidal Sassoon, a essa altura, mas está no caminho certo. Tem que continuar o trabalho e pegar outro caminho. Pode adquirir uma cadeira melhor em um salão melhor. Pode pegar outra baldeação e fazer uma parceria com outra pessoa. E, depois, pegar mais outro veículo. Pode abrir um pequeno salão. E, então, pegar um outro veículo, como ampliar o número de cadeiras. Em seguida, pegar outro condutor. Pode então começar a alugar espaço de estação de cabeleireiro em seu salão. Como meu pai costumava dizer: "Pouco a pouco, tudo fica fácil."

Se você é motorista de caminhão, cujo sonho é ter a própria frota de caminhões, não pode esperar que alguém lhe dê o dinheiro para comprar sua primeira frota. Para começar, você precisa obter a carteira de motorista categoria D. Depois, é preciso obter a experiência de dirigir caminhão para então começar a dirigir nos arredores do próprio estado. Depois, pode passar a dirigir em outros estados.

Uma vez que você tenha começado a ganhar dinheiro, pode economizar para comprar seu primeiro caminhão. Após adquiri-lo, e se tornar conhecido por ser um motorista que entrega no prazo, você tem que pensar em comprar outro caminhão e contratar outro motorista. Seu sonho está no caminho certo. Você continua a comprar passagem de um caminho para o próximo. Antes que perceba, já tem dez caminhões na estrada, e o seu sonho de possuir a própria empresa de transporte interestadual se torna realidade.

Se o seu sonho é ser chef de cozinha, comece a cozinhar para a própria família. Converse com pessoas que querem fazer eventos especiais para a família, mas que não têm condições financeiras para pagar por um buffet caro. Pode se voluntariar para cozinhar em um lar de apoio para pessoas com deficiência na sua vizinhança ou criar um programa na escola de ensino médio local para ensinar jovens a cozinhar. Quem sabe você saia no noticiário local pelo que está fazendo com eles? Sua exposição poderia ser uma oportunidade de compartilhar sua visão com o mundo. Estes locais são perfeitos para começar.

Conheço pessoalmente o senhor que cria arranjos de flores para a rede de hotéis Four Seasons no mundo todo. Ele não começou a carreira voando de Nova York para Paris, para Dubai, para compartilhar seu dom de fazer arranjos de flores. Esse dom começou ao trabalhar em um hotel muito menor que não valorizou o talento que ele trouxe para sua equipe. No entanto, ele não deixou que a falta de valorização o impedisse de fazer o que fora chamado para fazer. Antes que se desse conta, alguém viu uma de suas criações e o deu a oportunidade de criar os arranjos para o Four Seasons, e agora ele também prepara os arranjos de flores para o *Grammy Awards* e para o *The Queen Latifah Show*.

Apenas o fato de você cantar bem não significa que tenha de usar o seu dom para se tornar a próxima Whitney Houston ou Mariah Carey. Ter a capacidade de fazer as pessoas rirem não quer dizer que você tenha que ser um comediante. Se você assistiu ao documentário premiado pelo Oscar, *A um Passo do Estrelato*, sabe que as maiores vozes da nossa geração detonam no palco como backing vocals para alguns dos maiores artistas do mundo. E os melhores comediantes nem sempre são aqueles em frente ao microfone, e sim, aqueles que estão nos bastidores escrevendo as piadas.

Seu dom pode ser ensinar e você evitou este caminho porque a maioria dos professores de sala de aula não tem a remuneração que merece. Mas quem foi que disse que se tem que ensinar em sala de aula? A palestrante motivacional Lisa Nichols também é professora, e capacita multidões por todo o país. Tony Robbins é professor, e sei que a maioria das pessoas não se importaria de ter uma parte do seu contracheque como educador. Encontrar a maneira correta para usar o seu dom é a chave para fazê-lo avançar de sonho para realidade. Tanto Lisa quanto Tony perceberam que criaram seus próprios caminhos, sem deixar que ninguém criasse por eles, e sem recorrer ao que fora feito pela geração anterior.

Deixe o seu veículo ensiná-lo a dirigir

O seu veículo não é só para conectá-lo ao seu dom e levá-lo até o próximo nível de seu sucesso. Ele deve acentuar o seu dom ajudando-o a aperfeiçoá-lo. Isso significa que é preciso ser agressivo em relação a aprender a dirigir e ser paciente o suficiente para dominar o veículo em que está no momento presente, antes que troque pelo próximo. Tenha domínio sobre o seu dom onde você está. Cometa os erros necessários enquanto estiver no seu veículo de segunda mão, antes de passar para o carro do ano.

Pense grande, e faça um percurso maior que seus pais

Meu pai era um homem que adorava carros. Ele teve um Mercury da década de 50, uma perua Woodie 63 e uma perua 68 que se tornou o meu primeiro carro quando ele o passou para mim em 1977. Não quero que as pessoas fiquem presas a um único veículo. Você precisa reconhecer que ele é para levá-lo ao próximo nível, e não até o fim do percurso. Já vi muitas pessoas inteligentes, talentosas e dotadas de dons ficarem no mesmo veículo por muito tempo. Se você perceber que trabalha duro e de forma inteligente vinculado a um veículo e a uma visão clara, mas todos os dias parece avançar cada vez menos, é hora de se atualizar. É hora de fazer um outro curso, unir-se a uma nova organização ou dar início a um novo negócio. Veja, se você está comprometido com o seu dom e está crescendo e o aperfeiçoando, saberá quando ele estiver grande demais para o veículo atual.

Não tenha medo de fazer um test-drive

Agora que começou a usar os veículos disponíveis para dominar o seu dom, é hora de você começar a escolher o caminho que irá levá-lo a níveis mais elevados. É preciso pensar além de empregos tradicionais das nove às cinco da tarde. Reserve um tempo para fazer um test-drive de tantas opções quanto possível para o seu dom. E não tenha medo de escolher um avião quando as outras pessoas estão dirigindo um carro. O seu veículo pode ser tão exclusivo quanto o seu dom. Quando comecei como comediante lá atrás, na década de 1980, ninguém poderia ter me dito que eu teria várias oportunidades para o meu dom, incluindo apresentar um programa de rádio, ter o meu próprio programa de televisão, assumir um programa popular de jogos na tevê e agora escrever o meu terceiro livro.

Também não podemos ter medo de fazer um test-drive em um carro que esteja acima de nossa situação financeira. Alguns de nós sequer pensam em sentar em um carro de luxo, porque só podem ver onde estão no momento presente. Podemos ser muito rápidos para descartar um veículo, porque exige trabalhar mais horas, aprender novas habilidades ou gastar mais tempo fora de casa. Embora um veículo possa exigir um investimento maior no começo, é preciso que você considere como o seu dom irá ajudá-lo a mover-se com suavidade nessa jornada, caso esteja disposto a colocá-lo em um veículo de alta qualidade.

Não fique preso a um carro usado

Tão importante quanto saber qual tipo de veículo será mais adequado para o seu dom, é saber quais oportunidades evitar. Apenas ser um grande chef não significa necessariamente que você precise abrir um restaurante. O melhor veículo para o seu dom poderia ser um serviço de buffet para eventos. Se você é um grande treinador de basquete, a melhor opção para o seu dom poderia ser treinar alunos do ensino médio, em vez de mirar na NBA.

Sou a última pessoa a querer diminuir o desejo de alguém de se tornar um empreendedor, mas quero que você pense bastante sobre empreendedorismo antes de assinar na linha pontilhada. Não se trata de um passeio comum. O empreendedorismo exige sacrifícios além das responsabilidades de trabalhar em um emprego das nove às cinco horas. Você vai precisar de uma equipe adequada para mantê-lo na pista. Há despesas prováveis que exigem recursos que você não tem que investir no momento. Ou talvez você seja o tipo de pessoa que prefere tempo de qualidade para si e sua família, e não passar muitas horas trabalhando. E não pode simplesmente deixar qualquer pessoa entrar em seu veículo quando está comprometido em ser empreendedor. Sabe como se chama uma pessoa que não quer ir para onde o avião está indo? Um sequestrador.

Não há nada de errado em remar uma canoa de uma posição inicial enquanto você mantiver os olhos no iate do empreendedorismo. Reserve um tempo para criar um sistema de networking com pessoas que estão na mesma área. Descubra o que realmente é necessário para se tornar seu próprio patrão e que tipo de sacrifícios de tempo, dinheiro e energia serão necessários para ser bem-sucedido.

Ações de sucesso
Como escolher o veículo certo

Responda a essas perguntas, para escolher o veículo perfeito para si e para o seu próprio dom.

1. Qual é o seu destino final? É importante que sempre tenha em mente aonde você quer chegar.

   ____

2. Onde é a sua próxima parada? Qual é o seu próximo objetivo? É uma promoção no seu emprego atual? Trabalhar por conta própria e começar um projeto paralelo? Constituir uma família? Veja, esta é a questão-chave, pois a oportunidade ou o veículo de Robert, trinta anos, solteiro, que pretende se casar e quer um emprego que pague bem, mas que lhe proporcione bastante tempo com a família, não será o mesmo que o de Stephanie, que tem a mesma idade, mas não quer ter família e quer ser sócia de um grande escritório de advocacia. O que *você* quer? Isso pode levá-lo para esse lugar e prepará-lo para a próxima viagem?

3. Sabe como operar esse veículo *hoje* apenas o suficiente para não colidir? Isso significa que você não está evoluindo. Não volte a ser um professor em sua antiga escola quando sabe que sua próxima parada é ser diretor. O veículo está fora de seu domínio, mas poderá ser controlado? Esse é o impulso que deseja. É desafiador, divertido, tira você de sua zona de conforto, *mas*... você é capaz de fazê-lo dar certo. É onde você precisa estar.

Estas perguntas vão ajudá-lo a certificar-se de que está focado no veículo certo para você. Além disso, vai impedi-lo de comprar um carro igual ao de um amigo que nem mesmo vai para o mesmo lugar que você. Adapte o seu veículo de acordo com o seu dom e sua jornada, e você estará sempre no percurso certo.

Ações de sucesso

Faça uma lista dos melhores veículos para o seu dom *hoje*.

Anote o tipo de veículo que gostaria de usar para o seu dom, no espaço de cinco a dez anos a partir de agora.

Compartilhe um de seus novos percursos comigo no Twitter, @ActLikeASuccess, usando a hashtag #Vehicle4MyVictory.

CAPÍTULO 7

COMPREENDA QUAL É A SUA MAQUIAGEM

Para abastecer de forma adequada o seu dom, você tem que incorporar a maquiagem adequada, o que muitas vezes exige alguma mudança de sua parte. Quando me refiro a maquiagem, não estou falando sobre os milhares de dólares que as mulheres gastam em batons e pós-compactos, ou o quanto os homens gastam em roupas e acessórios. Estou falando sobre reunir o conjunto certo de características que vão conduzi-lo aos seus maiores sonhos. Sua maquiagem é a força motriz por trás do veículo ao qual você se vinculou, e que irá conduzi-lo ao sucesso. Neste capítulo, vamos explorar o que é necessário para desenvolver sua maquiagem pessoal até os níveis mais altos e impulsioná-lo para alcançar seus objetivos.

Que tipo de maquiagem você precisa?

A primeira coisa que você precisará no seu kit de maquiagem é ser o tipo de pessoa que atraia ao invés de repelir. As pessoas não se fazem sozinhas. Portanto, é preciso que você aprenda as leis da atração para atrair as pessoas certas. Tem que ser fácil trabalhar com você, ou, pelo menos, que esteja disposto a criar uma atmosfera que facilite o trabalho.

Em seguida, você deve aspirar ser uma pessoa visionária com uma perspectiva positiva. Aqueles que permitem que os outros se expandam, desenvolvam e explorem são os tipos de pessoas que você deve ter ao redor. Quando você está com os indivíduos certos, há oportunidades reais de ganhar com a experiência e o conhecimento deles.

Você também deve reconhecer as próprias deficiências e estar disposto a melhorá-las. Ao reconhecê-las, pode ser que queira considerá-las quando for contratar outras pessoas para fazer parte de sua equipe.

Por fim, deve respeitar o tempo — tanto o seu quanto o dos outros — sendo pontual. Você tem que ser uma pessoa de integridade. Tem que ser honrado e confiável, fazer o que diz que vai fazer quando diz que irá fazê-lo.

Seja honesto, enfrente os fatos, adquira novos hábitos

Uma parte essencial da sua maquiagem deve contribuir para que você seja honesto, enfrente os fatos e esteja disposto a assumir novas ações.

Seja honesto

Agora não é hora de começar a mentir para si mesmo. Se você está cansado do modo como tem vivido, é hora de desistir dele. Quero que vá agora até um espelho, olhe nos próprios olhos e seja honesto em relação ao lugar onde se encontra neste exato momento. Não raciocine muito. Não ponha a culpa em outra pessoa. O que é que você faz para continuar se bloqueando? Olhe além das suas desculpas e pergunte a si mesmo: "Por quê?" Suas respostas podem ser: o medo, o fracasso, as circunstâncias familiares ou a situação financeira. Se as respostas não lhe veem à cabeça imediatamente, pode ser que seja hora de buscar uma orientação pastoral ou profissional. Não tenha receio de obter a ajuda de que necessita para viver a vida que merece.

Enfrente os fatos

Aqui chegamos à parte boa em que as ações negativas serão substituídas pelas positivas. A procrastinação está te matando? Substitua-a com uma estratégia que vai colocá-lo em ação. Você se recusa a admitir quando está errado? Conte com um parceiro ou um amigo para prestar contas sobre suas responsabilidades. Seja qual for a questão, assuma o compromisso de enfrentar os fatos e substitua por ações positivas e responsáveis.

Aqui está o problema com as pessoas que acham que têm uma maquiagem que, na verdade, não têm. Se você estiver fazendo a pergunta e a respondendo também, é porque não tem a verdadeira maquiagem. Você não pode ter a resposta verdadeira. Tudo o que faz é dizer constantemente para si o que quer ouvir sobre você. É preciso estar disposto a ter uma conversa muito honesta consigo mesmo. Ao não ser franco sobre a situação, a única pessoa a quem estará enganando será a si mesmo.

Adquira novos hábitos

Após ter se tornado honesto consigo mesmo e identificado as novas ações para enfrentar os pontos fracos, aqui vem a parte difícil: a mudança de hábitos. No livro *Making Habits, Breaking Habits (Criando hábitos, quebrando hábitos*, em tradução livre), o psicólogo Jeremy Dean desafia o mito de que leva apenas 21 dias para se mudar um hábito. Pode levar dois anos para fazer uma mudança total em algumas áreas da vida de uma pessoa, mas são dois anos produtivos para uma vida inteira de recompensa.

Não se preocupe com o tempo que leva para fazer a mudança. O tempo está a seu favor quando é usado de forma produtiva. Concentre sua energia no desenvolvimento de novos hábitos. Enfrente um dia de cada vez. E quando completar cada um desses dias, quero que faça algo revolucionário. Quero que levante e faça isso novamente. E de novo. Em breve, este não será apenas algum hábito novo que está tentando conquistar. Será seu novo mapa para o sucesso.

Como mudar a maquiagem com integridade

Muitas vezes na minha vida tive que mudar a minha maquiagem. Tive que começar a me tornar uma pessoa mais positiva e com integridade para realizar o meu trabalho. Acho que a minha maior mudança aconteceu durante um período em que escrevia piadas. Aprendi muito com Richard Pryor. O que fez dele uma pessoa tão importante foi a sua franqueza. Ele era capaz de falar sobre tudo: sobre seu crescimento em áreas de boemia e prostituição, sobre quando ateou fogo em si mesmo, sobre suas brigas no trânsito e sobre seus problemas conjugais. Foi isso que o fez mais eficiente.

Quando comecei na comédia, eu estava muito resguardado em relação a quem eu era e de onde eu vinha. Eu estava tentando escrever as minhas piadas do modo como os outros escreviam e o resultado foi que não consegui desenvolver a verdade de quem eu era como um comediante de *stand-up*. Quando deixei de ter medo de me abrir em relação a minha pessoa e a minha verdade, as coisas mudaram para mim em termos profissionais. Falar sobre a minha verdade me permitiu expandir o meu material. Já não estava mais receoso de falar sobre a minha mãe, que ensinou na escola dominical, ou dos meus casamentos fracassados ou da minha criação em Cleveland. Esta foi a primeira vez que fiquei cara a cara com a verdadeira integridade.

À medida que aumentamos a nossa integridade, uma das primeiras peças em que devemos nos concentrar é aprender como liderar. Ficamos muito preocupados em olhar para as outras pessoas quando as verdadeiras respostas estão dentro de nós. Temos de reservar um tempo para reconhecer os nossos próprios pontos fortes e pontos fracos. Acho que o que me faz eficiente como um porta-voz ou como uma pessoa de integridade no rádio é que as pessoas sabem que vou lhes dizer a verdade, não importa qual seja. Nem sempre você, leitor, tem que concordar com isso, mas estou lhe contando a minha verdade. Acho que as pessoas passaram a respeitar isso.

Como fazer uma autoavaliação verdadeira

Melhorar a sua maquiagem também significa que você tem que estar disposto a fazer uma autoavaliação verdadeira. Quando escrevo uma piada e vou para o palco, testo a piada três vezes antes de decidir se a jogo fora ou a mantenho. Se conto a piada e ela sempre recebe muitas risadas, classifico-a com um 1. Se ao contar uma piada, ela recebe risadas às vezes, então essa piada é um 2. Se conto uma piada e grande parte das vezes ela não obtém uma risada sequer, esta é classificada como um 3. Quando comecei, eu precisava daquelas piadas porque precisava de mais tempo. Pagam por quinze minutos para a abertura, trinta minutos para a apresentação intermediária e quarenta e cinco minutos para ser a atração principal. Eu precisava desse tempo para que eu pudesse me tornar uma atração principal. Aprendi que ficar lá apenas contando piadas classificadas como 3 era arriscado. Portanto, toda vez que escrevia uma nova piada que era um 2, livrava-me de um 3. A única forma de conseguir isso era fazendo uma autoavaliação honesta. Continuei a escrever piadas e, quando conseguia um 1, me livrava de um 2. Após alguns anos, eu tinha todas classificadas com um 1. Quando criei esse sistema de autoavaliação realmente comecei a me desenvolver como um comediante de *stand-up*.

Sua autoavaliação pessoal tem de ser de uma honestidade completa e total. O único que pode fazer a autoavaliação é você. Até que esteja pronto para ter uma conversa completamente honesta, qualquer autoavaliação que venha a fazer trará nenhum benefício pra você.

Sei que não sou muito bom com tarefas rotineiras. Tenho que contratar alguém para ficar ao meu redor que seja bom nos detalhes do dia a dia. Também sei que não sou bom com gráficos e tabelas. Aprendi isso na faculdade. Bastava que apagassem as luzes e colocassem um gráfico na parede para que eu dormisse. Então contrato pessoas que gostam de gráficos. Não gosto de ter que repetir diversas vezes para que a pessoa entenda uma coisa. Não tenho paciência para isso. Tenho também que me policiar constantemente e trabalhar para não deixar de atender às expectativas. A verdadeira integridade é saber quais são as suas fraquezas.

Como definir o equilíbrio correto

Sua maquiagem essencial também tem que ter o equilíbrio correto. Através de todas as minhas experiências, aprendi que a ordem a seguir é essencial para toda pessoa bem-sucedida:

- Deus
- Família
- Educação
- Atividade profissional

Se você priorizar sua vida nessa ordem, o sucesso é seu em qualquer nível que deseje. Na minha vida, cheguei à conclusão de que Deus tem de ser o primeiro. Eu costumava ter a atividade profissional em primeiro, a educação em segundo, a família em terceiro e Deus por último. Só consegui ajeitar a minha vida quando adotei a ordem correta.

Depois de colocar Deus em primeiro lugar, você tem a obrigação de cuidar de sua família. Você não pode ter filhos e não cuidar deles. Como você pode esperar que o universo cuide de você se não começar a tomar conta de seu filho? Como acha que mais bênçãos virão até você se não cuidar das bênçãos que já lhe foram dadas? Independentemente da relação que você tenha com a mãe ou o pai do seu filho, você é obrigado a cuidar da vida dele. A mesma coisa se aplica ao seu marido ou a sua esposa.

Depois que tiver Deus e a família na ordem certa, você precisa se concentrar na educação. Quando me refiro à educação, nem sempre significa estudar em uma instituição por quatro anos. Você deve instruir-se constantemente em relação ao seu dom e a qualquer que seja a sua atividade profissional. Pode ser que tenha que voltar para a escola para obter uma formação em sua área de interesse. Para mim, não havia escola para aprender como fazer comédia. A minha forma de instrução foi assistir às grandes personalidades da comédia e observar como fizeram para tornarem-se excelentes. Tive que gastar bastante tempo observando o que comediantes que vieram antes de mim fizeram.

Também tive que gastar bastante tempo me instruindo sobre o *show business*, o mundo do espetáculo. O termo *show business* precisa realmente ser reconhecido como duas palavras separadas. Se tenho um grande show, é porque todo mundo que veio para me ver se divertiu. Mas não há nenhum *business* no *show business*, se não sei como fazer com que me contratem e não cobre pelos meus shows de forma adequada. Poderia ser um grande espetáculo, mas sem as providências adequadas, não há negócio. Por outro lado, eu poderia ter um bom tino para os negócios e saber como ser contratado em todos os lugares, mas, se não fosse engraçado, não seria convidado a voltar.

Esteja aberto para o que vem a seguir

Outra parte da sua maquiagem que é essencial para sucesso é aprender como ser aberto. Você não pode ficar tão preso à forma como faz as coisas. É preciso que esteja aberto para ver e fazer coisas de uma forma diferente.

Alguns de vocês podem achar que já têm uma vida equilibrada. Deixe-me ser o primeiro a lhes dar os parabéns. Agora que já têm tudo organizado, deixe-me lhes fazer uma pergunta: "O que vem a seguir?" Saber o que vem a seguir é fundamental para o sucesso. "O que vem a seguir" é o motivo para continuar a manter-se em estado de alerta. "O que vem a seguir" é a força motriz para todas as pessoas bem-sucedidas. Sempre há de existir um "o que vem a seguir".

Talvez você já seja um milionário. Mais uma vez, parabéns pelo seu sucesso. Mas, para continuar sendo um milionário, você tem que fazer mais milhões. Não pode vender o mesmo livro. Não pode contar a mesma piada. Não pode continuar cantando a mesma música. Tem que escrever um livro novo, contar uma piada nova, cantar uma música nova.

Então, pergunto novamente: "O que vem a seguir?" Tem que haver um motivo para levantar amanhã. Tem que haver um motivo para seguir em frente. Sua vocação tem de ser mais forte do que suas circunstâncias atuais, para que possa ajudar o seu sonho a seguir em frente.

De que outra maquiagem você necessita?

O dom exclusivo de cada pessoa vai ditar como ela vai se comportar no mundo. Alguém que se especializa no trabalho com crianças vai precisar ser paciente e atencioso, enquanto corretores da bolsa vão precisar ser astutos, exatos e rápidos em seu ofício. Se você não tem certeza de quais são as características que precisa trabalhar, deve pensar sobre as habilidades pelas quais as pessoas lhe fazem os maiores elogios. Será que você é bom com detalhes, excelente para se relacionar com novas pessoas ou competente organizando uma boa reunião? Catalogue suas habilidades e as inclua no trabalho para torná-las cada vez melhores.

Depois, faça um balanço das características que as pessoas constantemente dizem que precisam ser melhoradas. Por exemplo, você está propenso a pular etapas ou fica frustrado perante prazos apertados? Não justifique as características pobres com "Bem, é assim que eu sou". É importante lembrar que aperfeiçoar o próprio caráter faz parte tanto do seu desenvolvimento quanto da realização do seu dom.

Além de fazer seu autolevantamento, quem são as pessoas que admira e respeita na sua área de atuação, na sua religião, na sua comunidade? Converse com elas sobre como aprenderam a ficar calmas sob pressão, ou pergunte-lhes sobre a maquiagem que usaram para tornarem-se o tipo de líderes que são. Confiem em mim, eles não chegaram onde estão da noite para o dia, e um líder que se preze estará mais do que disposto a contribuir com boa sabedoria e conhecimento para sua vida, de modo a ajudá-lo a crescer e ser bem-sucedido.

Seja o tipo de homem ou mulher que deseja ser, assumindo a maquiagem certa, que vai abrir espaço para o seu dom e conduzi-lo em direção às melhores oportunidades para expandi-la a um público e a um palco ainda maiores.

CAPÍTULO 8

SUBINDO A MONTANHA PARA ALCANÇAR SEUS SONHOS

Existe uma passagem nas Escrituras que diz: "Os passos de um homem [ou mulher] são dirigidos pelo Senhor." Interpretei essa passagem em minha vida como uma caminhada para o meu destino sendo um processo passo a passo. Eu realmente acredito que Deus proporciona a todos nós os passos certos para chegarmos ao lugar certo, na hora certa. Enquanto continuamos a desvendar como maximizar o seu dom e a encontrar as melhores oportunidades para usar os seus talentos, vamos verificar como transformar estes passos em objetivos práticos para o seu futuro.

Todos nós temos sonhos sobre a vida que realmente queremos viver. Algumas pessoas dão um salto de confiança para seguir seus sonhos, enquanto outras permanecem às margens esperando que um momento mágico aconteça. O que separa os que sonham dos que fazem? *Objetivos*. Não me importa o quanto os seus sonhos sejam vívidos. O fato é que, sem objetivos, os seus sonhos vão permanecer como um fenômeno que acontecerá algum dia, ao invés de uma realidade. Os objetivos são o ingrediente-chave que nos ajuda a manter o foco, ser consistente e diligente em nosso caminho para alcançar os nossos sonhos.

Como escalar a montanha do sucesso

Outra maneira de pensar sobre como transformar os seus sonhos em objetivos é imaginar que você está escalando uma montanha. O seu sonho é o cume. Todo bom alpinista começa sua jornada com a mente focada no topo. Cada passo à frente, cada puxão da corda, e até mesmo cada pausa para recuperar energia é realizada com foco em seu objetivo. Uma vez alcançado o topo, ele leva um momento para descansar, reagrupar, reabastecer e saborear sua vitória. Mas todo alpinista de verdade sabe que se trata apenas de mais um trecho da jornada. Atingir o cume nunca pode ser o objetivo final para o verdadeiro alpinista, pois cada vez que exige mais dos seus pulmões, sobe mais alto e escala uma pedra ainda mais perigosa, ele sabe que é apenas preparação para a próxima jornada.

Onde quer que você esteja na montanha, seja no topo, na base, a meio caminho da subida, na parada de descanso, na estação de primeiros socorros, ou mesmo prestes a fincar a bandeira no cume, confie e acredite que estive em todos esses lugares em minha vida. Cravei a bandeira no cume. Estive na estação de resgate, na estação de primeiros socorros. Estive a meio caminho da subida e caí todo o caminho de volta para baixo. Fiquei preso em uma caverna. Caí entre as fendas e rachaduras da montanha. Fiquei aprisionado e fui encoberto por uma avalanche. O que quer que possa pensar em relação a essa montanha, eu fiz e fiz de tudo. Foi me dito para nem mesmo me incomodar com a escalada, porque eu não tinha o que era preciso para subir a montanha.

Quero que você comece a pensar em seus objetivos como uma escalada pessoal ao topo de sua montanha de sonhos. Você não pode simplesmente esperar acordar amanhã e se tornar um milionário, ou fazer o seu produto virar uma sensação no mundo todo, do dia para a noite, ou conseguir a posição que esteve almejando. Quais objetivos você estará disposto a colocar em prática para transformar seus sonhos em realidade?

Sei que os objetivos podem muitas vezes ser opressivos se for considerado no todo de uma só vez, mas é possível pensar sobre como quebrar a escalada em seções menores. Você se conhece melhor do que ninguém, portanto, deve ser honesto sobre o que vai mantê-lo motivado e inspirado. Será que vai precisar fazer essa jornada com outra pessoa, para garantir que mantenha a palavra? Será que vai ser melhor seguir sozinho para manter o foco? Que tipo de pontos de referência precisa para manter-se na pista? Há momentos melhores para executar determinadas partes da sua jornada do que outros? Estas são perguntas boas para se ter em mente à medida que trabalha seu caminho em direção ao seu sonho.

Os objetivos são essenciais, porque lhe dão alvos realistas, mensuráveis e específicos. Eles são os pontos de referência necessários que lhes dão energia, confiança e segurança para continuar a se movimentar na direção certa para o seu sonho. Eles também podem servir como um mapa útil para chegar aos seus sonhos.

Vamos definir os objetivos

Se o primeiro passo da sua jornada para se tornar um pequeno empresário é fazer uma pesquisa com um proprietário de loja que você admira, então pegue o telefone, digite o número e tenha essa conversa. O objetivo *não* diz: "Sim, tenho pensado em falar com o sr. Silva sobre abrir meu próprio negócio" e, depois, permite que a declaração caia por terra por não ser seguida de uma ação.

É preciso que você estabeleça seus objetivos, de forma que garanta o seu sucesso. Sei que, agora que está com este livro em mãos, sente-se animado e pode realmente se ver inaugurando aquela livraria e café que sempre sonhou. No entanto, não saia correndo pelo portão para solicitar aquele empréstimo para pequenos negócios ou para procurar investidores se não tiver um sólido plano de negócios estabelecido. Eu definitivamente quero que você estabeleça grandes objetivos, mas não os coloque muito longe de sua zona de conforto ou estará fadado ao fracasso. Se realmente não sabe por onde começar, comece apenas por definir um horário regular em sua agenda para se concentrar em seu sonho. Se tiver uma hora para si depois de deixar as crianças no treino de futebol, sente-se em seu lugar preferido e faça deste o seu tempo dedicado aos objetivos. Se há alguém em sua igreja ou em seu grupo da comunidade que possa recrutar para algumas conversas, permita-os que o ajudem a traçar o seu processo de definição de metas.

Seus objetivos também precisam ser feitos sob medida para o seu dom, seu conjunto de habilidades e seu estilo de vida. Não espero que uma mãe casada, com três filhos e quarenta anos de idade trabalhe em direção aos seus objetivos no mesmo ritmo que um homem solteiro de vinte e cinco anos. Essa mulher tem um conjunto de responsabilidades completamente diferente, o que pode exigir mais membros em sua equipe para ajudá-la a alcançar seus objetivos. Da mesma forma, o homem de vinte e cinco anos pode precisar de mais mentores e visionários para compensar a sua falta de experiência. Crie seus objetivos para *você*. Não desperdice sua energia pensando demais sobre como alguém fez o que você quer fazer ou sobre a rapidez com que outras pessoas transformaram seu objetivo em realidade. Abrace a *sua* jornada e o caminho que Deus tem para *você*.

O QUANTO OS SEUS OBJETIVOS SÃO INTELIGENTES?

Um dos métodos mais populares para a criação de bons objetivos é o método SMART, que significa inteligente em português. Considerando-se as letras do termo, SMART corresponde, em português, a: específicos, mensuráveis, atingíveis, relevantes e sensíveis ao tempo. Aqui estão alguns passos fundamentais a ter em mente quando colocar em prática o método SMART para os seus objetivos:

- **CRIE OBJETIVOS ESPECÍFICOS**. Seus objetivos não são apenas outras ideias aleatórias que flutuam na sua cabeça. Eles devem ser bem definidos e muito claros. Crie seus objetivos tendo o seu último ponto mais alto em mente, ou seja, o seu sonho.
- **DEFINA SUAS MEDIDAS**. Agora que tirou seu objetivo da cabeça e o trouxe para mais perto da realidade, como vai medir o seu sucesso? Será que vai ser através da obtenção de novos certificados nos próximos seis meses? Ou será que vai aumentar o número de espectadores para o seu show em vinte e cinco por cento, de modo que possa fazer com que esse seja o seu rendimento principal nos próximos dois anos? Coloque as suas medidas em datas, horas e valores reais, para que possa quantificar seus objetivos. Se você é o tipo de pessoa que precisa de algum fogo abaixo de si para mantê-la em ação, peça a uma pessoa que tenha a mesma característica para responsabilizá-lo por suas medidas.
- **VISE O ATINGÍVEL... E, DEPOIS, ESTIQUE UM POUCO MAIS**. Quando começar sua jornada em direção ao sucesso, seus objetivos devem ser alcançáveis, e é preciso empurrá-lo para fora de sua zona de conforto. Por exemplo, se você está em processo de cortejo aos investidores para levar o seu negócio ao próximo nível, estabeleça uma conversa com essa "pessoa grande", que você jamais imaginaria que pudesse estar interessada no seu

plano de negócios. Esta pessoa pode simplesmente surpreendê--lo e entrar com um investimento que irá deixá-lo pasmo, e você vai se surpreender ao aprender o quanto pode ser grande na busca de seu sonho.

- **OBTENHA OBJETIVOS REAIS E RELEVANTES.** Não há nada pior do que ter um objetivo que faça com que você corra em círculos. Torne-os relevantes para a sua linha de chegada. Se estiver empenhado em lançar sua ideia nas mídias sociais, não perca o seu tempo postando e curtindo coisas no Facebook. Obtenha suas prioridades e mantenha o foco nos objetivos que vão mantê-lo seguindo em frente.
- **ADEQUE O SEU TEMPO.** Seus objetivos devem ter um prazo. Quando comecei a atuar como comediante, a cada ano eu tinha determinados objetivos para o tipo de dinheiro que eu queria fazer na indústria de *show business*. Não que eu estivesse centrado exclusivamente no montante em dólares, mas ter pontos de referência relacionados ao tempo me ajudou a criar números melhores de comédia, a me conectar em rede com mais pessoas na indústria e a conquistar um caminho sólido para o meu futuro.

Configure seus objetivos para o próximo nível

Assim que começar a alcançar seus objetivos usando o método SMART, o que vem depois? Em seguida, vou lhe apresentar o processo SETUP. O processo SETUP é simplesmente fazer a si mesmo as seguintes perguntas quando começar a atingir seus objetivos:

1. Qual será o meu próximo objetivo?
2. Quais serão o meu alvo e calendário para o próximo objetivo?
3. Como esse objetivo vai me preparar para a próxima etapa?
4. Se o objetivo A não funcionar, como posso me colocar em uma posição melhor para alcançar o objetivo B ou o objetivo C?
5. A quem posso me associar para fazer com que a próxima etapa aconteça com uma qualidade mais elevada ou em um ritmo mais rápido?

Como criar sua escada para o sucesso

Conforme mencionei no início do capítulo, seus objetivos devem ser um processo passo a passo feito sob medida apenas para você. Não pode ter como expectativa usar a minha escada para chegar aonde você pretende ir, da mesma forma que eu não posso esperar usar a sua. A chave é ter o número certo de degraus que sejam alcançáveis e apenas a intensidade certa de desafio para mantê-lo motivado e disposto a seguir em frente.

1. **ANOTE OS SEUS SONHOS!** Se não tem os seus sonhos anotados, eles podem muito bem não existir. Seja você uma pessoa *no-tech, low-tech* ou *high-tech,* mantenha seus objetivos com você de uma maneira que funcione para você e seu estilo de vida.

2. **CRIE UMA LISTA DE OBJETIVOS PARA CADA SONHO.** Seu sonho se tornará imediatamente vivo quando especificar os objetivos de que necessita para transformar seus sonhos em realidade. Um dos meus objetivos é que o *The Steve Harvey Show* ganhe a classificação de 3,5. Para aqueles que não são familiarizados com a indústria da televisão, ganhar um 3,5 significa ter uma média de 3,5 milhões de espectadores por programa. Tenho o número "3,5" costurado na barra de centenas de calças e, toda vez que as visto, estou vestindo a fé e acreditando que o meu programa se tornará um 3,5. Quando atingir esse objetivo, meu potencial ganho irá para outro nível. Aqui está um conjunto de objetivos profissionais que estou desenvolvendo para a minha equipe e para mim:

   SONHO: Ganhar uma classificação de 3,5 para a temporada 2014–2015.

   OBJETIVOS:
   - Programar dois retiros profissionais com a equipe de produção durante o verão de 2014 para adicionar três novos segmentos ao show.
   - Adicionar um segmento semanal com Lisa Nichols para o novo segmento "Motivational Monday".

- Criar um plano de mídia social mais robusto para expandir o alcance do programa no Facebook, no Twitter e no Instagram.

3. **CRIE UM CRONOGRAMA COM O SEU SONHO NO PONTO MAIS ALTO EM MENTE.** Imagine onde quer estar nos próximos cinco anos, e comece a criar seus objetivos a partir da perspectiva de alcançar esse sonho. Por exemplo, vamos dizer que deseje escrever seu primeiro livro nos próximos três anos. Mapeie o desenvolvimento desse livro ao longo do período de três anos, de modo que possa acompanhar o seu progresso.

4. **USE O SMART E O SETUP PARA DEFINIR OBJETIVOS COM PODER.** Usar o método SMART e o processo SETUP são formas poderosas de tornar seus objetivos práticos e atingíveis. Percorra as etapas abordadas na seção anterior para se assegurar de que esteja criando objetivos que possa alcançar e se orgulhar.

5. **PRIORIZE SEUS OBJETIVOS.** Quero que fique animado com seus objetivos. No entanto, não quero que negligencie sua família, sua saúde e o seu bem-estar geral no processo. Trabalhar voltado ao seu sonho não significa ficar tão concentrado a ponto de perder de vista as suas prioridades. Crie seus objetivos de um modo que ainda possa ser um grande pai, um grande cônjuge e, sim, até mesmo um funcionário dedicado enquanto planeja sua estratégia de saída. E tudo bem se a priorização significa estabelecer passos menores para que possa ter equilíbrio em sua vida. Se tudo o que puder fazer for economizar quinhentos dólares para o seu sonho este ano, você está agora quinhentos dólares mais próximo de colocar o seu dom no veículo certo.

6. **COMEMORE O SEU PROGRESSO.** Para cada objetivo que alcançar ao longo do caminho, comemore a sua jornada. Muitas vezes ficamos tão envolvidos em alcançar o topo que esquecemos de parar no percurso para reconhecer as nossas conquistas. Você tem que ser o seu primeiro torcedor na estrada rumo ao sucesso. Se gosta de fazer registros, crie um Diário de Objetivos para controlar seu progresso. Crie esse diário como espaço pessoal

para expor pensamentos, sentimentos, frustrações e triunfos. Se precisar processar sua jornada com outra pessoa ou outras pessoas, estabeleça um ponto de verificação para celebrar regularmente com sua equipe, para que eles possam ter orgulho de suas conquistas também. Comemorar seus objetivos serve tanto para honrar seu trabalho quanto motivá-lo a manter-se disposto a avançar.

O fim de sua escada para o sucesso pode ser a apresentação de seu próprio *podcast* motivacional ou a criação de aulas de *fitness* para ajudar idosos do seu prédio a se tornarem saudáveis. Qualquer que seja o seu sonho, não deixe que ele apenas gire em torno de sua cabeça como mais um pensamento distante. Crie objetivos para o seu sonho que façam com que o seu dom ganhe vida. Como diz o ditado: "Objetivos são sonhos com os pés no chão." Aproveite esse capítulo e use esses passos para colocar pés nos seus sonhos mais selvagens.

Ações de sucesso

Qual é o sonho que você está empenhado em realizar este ano?

____

____

____

____

____

____

____

____

Crie objetivos sob o método SMART para o seu sonho:

Específico: ______________________________

____

____

Mensurável: ______________________________

____

____

Alcançável: ____
____
____

Realista: ____
____
____

Sensível ao tempo: ____________________________________
____
____

CAPÍTULO 9

É PRECISO VER PARA CRER

Nada me decepciona mais do que ouvir pessoas cheias de grandes sonhos, porém sem objetivos ou visão para transformá-los em realidade. Ter visão se resume ao seguinte: você sabe aonde quer ir? Você tem que ser claro em relação à sua visão, porque é isso que vai direcionar tudo o mais que você fizer.

Aqui está uma citação que adoro de Albert Einstein: "A imaginação é tudo. É a prévia das próximas atrações da vida." Sua imaginação é tudo. Se o seu foco está onde você está agora, então o seu agora se torna o seu para sempre. Até que mude o seu foco e eleve a sua imaginação, é a sua situação presente que *vai* defini-lo. Se a imaginação é tudo, temos que começar por mudar a forma como visualizamos as próximas atrações.

Como criar uma visão de primeira classe

Não importa o quanto alcançamos, temos que continuar a instigar nossa imaginação. Em 2001, uma das coisas que eu realmente queria era ter o meu próprio avião. Como Tyler Perry tinha exatamente o avião que eu queria, fui até ele para obter os desenhos do interior de sua aeronave. Mostrei imediatamente a imagem para um dos meus parceiros. "Nunca mais vou voar pelo país em um avião comercial novamente", declarei.

Pode não ser a sua visão voar em avião particular, mas por que não cria uma visão de voar de primeira classe? Saia de sua zona de conforto e deleite-se com uma passagem de primeira classe para sua próxima viagem de negócios ou de férias. Depois de experimentar a primeira classe, mantenha o trabalho para transformar essa experiência em uma realidade regular. Se não pensa alto sobre si mesmo, por que alguém deveria?

Agora, não fique preso à analogia da linha aérea. Se voar em avião particular ou de primeira classe não é importante para você, tudo bem. Sua interpretação de primeira classe pode ser diferente. A primeira classe pode simplesmente ser atingir os meios financeiros para sair de férias uma vez por ano, especialmente quando você não tira férias há anos. Mas e quanto a ter uma visão de primeira classe para a sua vida? O que dizer sobre proporcionar uma educação de primeira classe para seus filhos? Que tal criar um negócio de primeira classe? Que tal imaginar um casamento primeira classe? Aparência de primeira classe? Você não pode atingir uma vida de primeira classe se a sua imaginação permitir que veja apenas visões de carroça.

Visão de primeira classe

Se a primeira classe é importante para você em algumas áreas, por que não torná-la importante em todas as áreas? Voar de primeira classe pode não ser importante para você agora, mas um dia será. Após fazer bastante coisa de primeira classe, a segunda classe não irá sequer combinar com a sua imagem. Depois de saborear muitas vezes a primeira classe, a segunda classe nunca vai ser satisfatória.

Não estou sentado na parte de trás onde distribuem meia lata de refrigerante e um pacotinho de amendoins. Não quero ter que comprar os sanduíches. Quero estar onde dão três ou quatro sanduíches. Dick Gregory me ensinou isso. Ele disse: "Steve, apenas vá ver a primeira classe. Ela vai condicionar a sua mente a não se contentar com nada inferior."

A primeira classe condiciona sua mente. Deleite-se de vez em quando. Saia para férias agradáveis em algum lugar. Deixe de ir à reunião de sua família todo ano. Dirija até outro estado para sentar-se sob uma árvore. Dick me disse: "Às vezes é preciso levar sua família a algum lugar realmente agradável, e ver o que acontece depois disso. Você vai começar a sonhar com aquela coisa agradável o tempo todo, da mesma forma que seus filhos."

Deixe a sua imaginação assumir a sua lógica

Quando as crianças deixam sua imaginação seguir em frente, aparecem com algumas ideias que são de outro mundo. As crianças não pensam sobre o que é lógico, prático ou mesmo viável. Elas simplesmente deixam sua imaginação avançar. Volte a esse caminho, agindo como uma criança, e deixe o seu coração e desejos guiarem sua visão. Haverá tempo e espaço para a lógica no percurso. No entanto, por enquanto permita que a sua imaginação o leve para aquela visão de primeira classe que o move para além de onde você está agora.

Sua visão vai importar apenas quando estiver vinculada ao seu dom. Se ela estiver desvinculada do seu propósito, você estará trabalhando em oposição ao panorama maior de sua vida. Sou marido e pai. Essas são prioridades maiores do que qualquer outra coisa que eu faço. Não posso criar uma visão que fique no caminho das minhas responsabilidades como marido e pai, e acho que isso vai me conduzir para o meu melhor futuro. Certifique-se de que tem certeza sobre qual é o seu dom antes de criar uma visão, você não vai querer estar em um voo de primeira classe para a cidade errada.

Acredite que pode tê-lo

Deus lhe concedeu um dom e uma visão para o seu dom que não prejudica os outros, porque ele quer que você tenha o desejo do seu coração. *Não* limite sua visão por não achar que esteja no lugar certo ou que não conheça as pessoas certas. A melhor coisa sobre a criação de sua visão é que ela é tão cara quanto a sua imaginação. Você merece um futuro de primeira classe, e sua visão deve refletir essa crença. Mesmo que tenha tido um passado repleto de fracassos, agora você pode criar uma nova visão. Deixe o passado e pense em direção ao futuro. Deixe a história de erros para trás e sonhe com maravilhosos amanhãs de sucesso.

Ações de sucesso
Anote a sua visão de forma simples e direta:

____

____

Esta expressão escrita de sua visão para a sua vida é uma manifestação literal do estilo de vida que vai obter. Ao escrever sua visão, ela ganha impulso.

Seu quadro de visão vai torná-lo melhor

Passei a anotar ainda mais os meus sonhos ao construir um quadro de visão. Não apenas quis ler sobre a minha visão, mas também vê-la. Quando comecei a construir o meu quadro de visão, a maioria das pessoas ao meu redor não entendeu. Algumas disseram: "Steve, você tem bastante dinheiro. O que está fazendo com um quadro de visão?" Mas deixe-me dizer uma coisa: não descanso à sombra dos louros. Quero passar a minha vida inteira em processo de crescimento e aprendizado. Este pode ser o caso para todas as pessoas bem-sucedidas que conheço. A vida delas não se baseia em obter mais, e sim em fazer mais. Tenho um quadro de visão para oferecer à minha vida uma direção continuada. Ainda há coisas que quero realizar. Aprendi com o meu passado que o melhor caminho para realizar os meus objetivos é colocá-los na minha frente onde eu possa vê-los o tempo todo.

Onde quer que eu esteja, seja sentado no meu computador em Atlanta ou em Chicago, seja verificando meu telefone, a primeira coisa que aparece em todas essas telas é o meu quadro de visão. Independentemente de onde eu esteja, quero que todas as minhas visões estejam à frente da minha mente e do meu espírito.

E não só o meu quadro de visão está visível em qualquer lugar que olho, mas toda visão que tenho está diretamente conectada com o avanço das áreas da minha vida que são as mais importantes para mim, e encontro formas de tornar essas visões vivas fora da tela. Algumas das imagens atuais do meu quadro de visão incluem o seguinte:

- **GANHAR UM 3,5 DE CLASSIFICAÇÃO PARA *THE STEVE HARVEY SHOW*.** Estou em 1,9 agora, dr. Phil está com um 3,4 e Ellen DeGeneres está em 2,9. Estive nas casas deles e posso afirmar que estou pronto para um estilo de vida de 3,5.
- **FAZER A DIFERENÇA NA ÁFRICA.** Bem ao lado do meu "3,5" tem um mapa da África. Meu objetivo é fazer milhões para que eu possa ajudar milhões de pessoas no continente. Ainda não sei como, mas esta é a beleza do quadro de visão. Estou aberto a essa visão e estou falando com as pessoas sobre a África de uma forma que nunca tinha feito antes. Estou confiante de que, como mantenho essa visão diante de mim, a oportunidade certa virá no momento certo.
- **CONCEDER BOLSAS DE ESTUDOS PARA ESTUDANTES.** Próximo ao meu mapa da África, tenho uma foto de estudantes universitários que representa as dez mil crianças que vão receber bolsas de estudo universitárias completas de mim e de minha esposa. Pretendo dar dez milhões de dólares do meu dinheiro para a minha fundação. Já estou próximo de alcançar esse objetivo e, quanto mais me concentro nele, mais Deus me envia parceiros para torná-lo realidade.

Tenho mais algumas fotos com a minha esposa, minha família e alguns objetivos financeiros importantes, mas esses são pessoais. É importante que você mantenha algumas de suas visões protegidas e privadas, ou seja, disponíveis apenas para as pessoas mais próximas a você.

Não sei como vou mandar dez mil crianças para a faculdade, ou como vou fazer a diferença na África, ou como *The Steve Harvey Show* vai alcançar um 3,5. Tudo o que tenho a fazer é manter meu quadro de visão diante de mim e pedir, acreditar, trabalhar e me preparar para receber. O meu quadro de visão me ajuda a deixar a minha imaginação fluir, a empurrar todos os limites para fora do caminho e a ficar em sintonia com o meu dom e meu propósito de estar aqui na Terra.

Ao usar o meu quadro de visão, tenho incentivado outros ao meu redor a atingir seus próprios picos de sucesso. O que vai colocar em seu quadro de visão? Aqui estão algumas dicas práticas para ajudá-lo a começar.

Identifique o que quer realizar

Agora que tem certeza quanto à sua visão e ao seu foco, escreva de cinco a sete cenários que representem as diferentes áreas de sua vida. Tenha certeza de que nem todos os seus objetivos estejam apenas concentrados na carreira e nos ganhos financeiros. Sua visão completa deve refletir todas as áreas de sua vida que lhe sejam importantes, incluindo família, amigos e relacionamentos, sua saúde espiritual, mental e física, estar a serviço e, sim, até mesmo aquelas férias e coisas materiais que deseja. É importante que você tenha de cinco a sete visões que reflitam várias destas áreas. Isso vai impedi-lo de se concentrar completamente em uma área de sua vida, enquanto ignora outras. Quando olhar para o seu quadro de visão concluído, ele deve ser um reflexo de você como um todo.

Projete o seu quadro de visão

1. Organize fotos e outras imagens em seu quadro, de tal modo que ele fale com você e faça com que queira olhar para ele diariamente. Pode fazê-lo de modo simples ou elaborado, conforme queira. A chave é ter certeza de que ele motive e lhe inspire a alcançar seus sonhos. Eu, na verdade, tenho apenas fotos e algumas palavras que têm grande significado para mim. Conheço outras pessoas cujos quadros de visão parecem uma fascinante obra-prima. Tem que ter a ver com o que funciona para você.

   Quer que o seu quadro de visão seja físico ou virtual? Isso depende do seu estilo de vida. Se você é como a maioria das pessoas, seu celular é uma corda salva-vidas. Se esse é o caso, você deve ter um quadro de visão digital. Isso não significa que não possa imprimi-lo e colocá-lo em seu quarto, escritório ou mesmo em seu carro. A beleza de um quadro de visão digital é que se pode ter ambos. Se optar pela velha escola e simplesmente imprimir fotos e colá-las em uma folha de papel, o resultado é o mesmo.

2. Puxe suas fotos ou vídeos para o seu quadro de visão. Contanto que a imagem represente o seu destino, vai dar certo. Não

seja abstrato. Ele deve ser uma representação clara do que você quer e de onde quer que termine.

3. Coloque o quadro de visão no máximo de lugares possível. Isto é importante. Conheço pessoas que criaram quadros de visão, belos por sinal, para os quais nunca olham. A razão de ser do quadro é lembrá-lo do tipo de vida que está levando e o motivo pelo qual está trabalhando. Não deixe que o seu quadro junte poeira em algum lugar ou se torne apenas outro protetor de tela. Certifique-se de colocá-lo onde possa vê-lo e mantê-lo diante de sua mente. O propósito de ter um quadro de visão é criar uma vida digna de ser vivida.

Eu realmente acredito que o seu quadro de visão vai ajudá-lo a levar uma vida melhor. Algumas visões podem levar mais tempo do que outras para serem alcançadas, mas se você mantiver o foco e trabalhar duro, sou testemunha de que tudo aquilo em que você acreditar há de acontecer. Haverá algumas coisas que você sabe como obter, e outras que você precisa deixar nas mãos de Deus. As pessoas de fé muitas vezes dizem: "Reconheça-o em todos os seus caminhos, e Ele direcionará o seu caminho." Quando você se concentra em sua visão e vincula-a ao seu dom, você está no caminho para o sucesso.

CAPÍTULO 10

O HOMEM E SUA CORDA

Tive uma breve amizade com o grande Butch Lewis, que foi promotor de luta. Não passei muito tempo com Butch, e grande parte de nossas conversas foi por telefone. Mas ele veio a mim em um momento da minha vida em que eu estava muito, muito mal. Isso foi por volta de 2005, e eu estava tentando acertar minha vida. Ele compartilhou uma analogia, durante uma de nossas conversas, que ficou comigo.

Chamo a analogia de "O homem e sua corda". Para aqueles de nós que se esforçam para tornarem-se bem-sucedidos, a nossa jornada pode ser comparada à tarefa de puxar uma carroça por uma montanha íngreme. Aqueles dispostos a fazer uma escalada são tipicamente líderes empresariais, empresários, chefes de família, diretores de fundações, líderes de crianças ou pastores de igrejas. Essa carroça é como aquelas de madeira que podem ser vistas em filmes de faroeste. A nossa responsabilidade é puxá-la montanha acima.

Essa carroça não tem rodas de borracha. Não tem motor. Não tem raios de arame. É apenas uma velha carroça que é puxada montanha acima. Não tem nenhum cavalo ou mula à frente dela. Tem apenas uma única corda grossa de estopa. Pense naquela que pode ser encontrada na aula de ginástica, só que o dobro do tamanho. A corda é muito grossa e áspera e corta as mãos da pessoa que puxa, ou seja, as suas mãos. Sim, você está puxando a carroça até o topo da montanha. Sua calça está esfarrapada, rasgada e imunda. Esta é uma subida com os pés descalços, e você não tem nenhuma tração para mantê-la estável. Você está suando. A corda está sobre o seu ombro, e está cortando a sua pele. Isso não é fácil.

O que torna sua viagem mais desafiadora é o peso adicional das pessoas que pegam carona em sua carroça. Você as está carregando. As únicas pessoas que podem subir na carroça são as que você permite a bordo. Se for inteligente, você vai escolher com base em quem poderá ajudá-lo a levar a carroça pesada montanha acima. Você não vai querer uma carroça cheia de peso morto. Ninguém mais pode puxar a carroça além de você. Você é a pessoa que deseja ser bem-sucedida. É a que tem o dom e a visão. Quem você tem em sua carroça?

As pessoas podem ajudá-lo em sua escalada, mas não podem puxar a sua corda por você. O que você procura são pessoas que coloquem uma perna por cima da lateral e toque o solo empurrando com o pé, tentando ajudá-lo a levar a carroça para cima da montanha. Elas não são fortes o suficiente por conta própria para ter sua própria carroça, mas são boas o bastante para ajudá-lo a subir a montanha com sua carroça.

Há algumas pessoas na carroça cuja tarefa é cozinhar e trazer comida para você. Ao longo do caminho, se você é um homem, pode querer encontrar uma mulher que vai sair da carroça para enxugar o seu rosto, para impedir que o suor entre em seus olhos. Ela deve estar disposta até mesmo a chutar pedras no caminho para ajudá-lo. Ela vai torcer por você.

À noite, quando você senta e descansa o pé sobre uma pedra, não pode soltá-la. Você tem que enrolar a corda em volta da cintura, quando se recosta para descansar um pouco. Todo mundo ainda permanece na carroça. Mesmo quando está dormindo, sua carroça ainda está pesada. Sua esposa tem permissão para deitar-se com você para lhe dar a força e os meios necessários para que no dia seguinte você seja capaz de continuar sua jornada. Pode inspirá-lo, mas não pode puxar a corda. Pode sussurrar palavras de incentivo em seu ouvido, mas não pode puxá-la para você. Essa corda é sua e somente sua.

As pessoas em sua carroça devem desempenhar várias funções que contribuam para o seu sucesso, ou qual seria a razão de arrastá-los junto? Tem que ter uma pessoa para contar o seu dinheiro. Deve haver alguém para lhe fornecer conselhos. O problema de arrastar todo mundo até a montanha é que alguns não estão contribuindo. Quando eles veem que você não está olhando, levantam o pé e descansam um pouco. Algumas pessoas ficaram tão escorregadias que descobriram uma forma de como se levantar no meio da carroça e não fazer absolutamente nada, além de pegar carona.

Já observei muitas pessoas de sucesso lacrimejarem todas as vezes em que compartilhei essa história. Elas se lembram do peso morto que têm carregado e as pessoas que estão junto pela carona. Os amigos que se aproveitaram de sua generosidade. E, no pior cenário, o cônjuge ou o gerente que fugiu com o seu dinheiro.

Quem está em sua carroça?

Joel Osteen me disse: "Deus já alinhou todas as pessoas em seu caminho para levá-lo até seus sonhos e suas visões. Tudo o que você tem a fazer é se livrar das pessoas erradas."

Quem você tem em sua carroça que não o está ajudando a chegar até a montanha? Você quer pessoas que possam impulsionar sua visão. Ao puxar uma carroça montanha acima, todos a bordo devem ter uma função de valor ou importância. Se tenho uma carroça velha e uma corda, consequentemente, eu gostaria de ter alguém que, pelo menos à noite, descesse de lá e colocasse um pouco de amaciante de roupa na corda para torná-la um pouco menos árdua. Talvez alguém que tenha uma lata de óleo possa lubrificar as rodas; que tenha a capacidade de consertar uma roda quebrada; que faça reparo de carroça, caso um rebite venha a se soltar. Você quer ter pessoas junto a você que possam ajudá-lo em sua jornada.

Como adicionar modelos em sua carroça

Quando começar a selecionar modelos para colocar em sua carroça, deixe claro que eles vão colocar o dom deles à sua disposição. Já vi pessoas fazerem algumas escolhas terríveis quando optam por modelos muito bons para o papel errado. É possível selecionar uma pessoa que seja um homem de negócios brilhante e que, no entanto, é um péssimo marido. Agora, desde que ele seja um modelo na área de negócios, você estará bem servido. Recomendo que identifique os modelos que venham a lhe fornecer orientação e sabedoria em seu dom, sua carreira, suas finanças e em sua saúde.

Quando se escolhe alguém para modelo, ele deve ter uma trajetória de sucesso. Além disso, o modelo deve apresentar um compromisso em fornecer orientação para os outros. Ter o domínio em uma área não significa que você possua uma energia que deva ser imitada. Você pode ter acesso a um representante político que tenha sido reeleito diversas vezes, que levanta toneladas de dinheiro, e realmente realiza algumas coisas. No entanto, se a integridade dele é falha, por que você desejaria tê-lo como modelo? Sua maquiagem deve orientar sua seleção de modelos, assim como seu dom e objetivos.

Como se livrar do peso morto

Em seguida, vamos falar sobre os tipos de pessoas que você não quer na sua carroça, por serem um peso morto.

Você não pode compartilhar seu sonho e sua visão com todo mundo. Se estiver compartilhando suas metas com as pessoas, e a primeira coisa que elas fazem é tentar lhe dizer como a sua visão não vai funcionar, você deve se desvincular delas. Essas pessoas não têm visão. Elas não têm discernimento o bastante para pensar que talvez isso não seja bom para elas, mas que para você é. O que você não precisa saber é como alguma coisa não vai funcionar. Afinal, você precisa saber como *vai* funcionar.

Deixe de lado as pessoas que estão apenas ao redor em benefício delas próprias. Antes de criar vínculos com alguém, faço a mim mesmo duas perguntas: a contratação dessa pessoa contribui para que a minha empresa fique mais forte? A minha associação com essa pessoa me torna uma pessoa melhor? Essa pessoa tem as informações que eu não tenho? Esse indivíduo tem potencial para trazer receita? Se ele não me torna nem melhor, nem mais forte, se ele não acrescenta nada de valor, por que estamos conversando? Agora você tem uma pessoa com objetivo próprio. Líderes eficazes sabem que o caminho para se tornar um grande líder é tornar-se um servidor ainda mais gabaritado. Algumas pessoas não estão sequer dispostas a estar ao seu serviço, mas estão ao seu redor para ver o que podem tirar de você. Elas veem as próprias necessidades como prioridade em relação a sua visão para o seu futuro. São pessoas perigosas. Elas podem fazer com que você se sinta sem energia.

Evite pessoas que estão sempre tendo um dia ruim. Em suas mentes, nada nunca funciona a favor delas. Elas têm uma campanha crônica "Ai de mim" que continuam a lançar a todo vapor. Esse tipo de negatividade exaure o entusiasmo. Você não precisa do discurso "Ai de mim" todos os dias.

Outro tipo de personalidade que recomendo manter distância é a daqueles que têm que estar certos o tempo todo. Eles saem do próprio modo de ser para estarem certos, mas não necessariamente corretos. Quem tem tempo para se meter com este tipo de personalidade? Para onde quer que você esteja indo, essa pessoa não é capaz de levá-lo até lá.

Você também deve desconfiar dos procrastinadores. Eles serão um peso para você. A ação é a receita para avançar. A ação vai eliminar o tédio. Os procrastinadores estão sempre à espera e muitas vezes criam mais desculpas para continuar esperando: não é o momento certo; vou esperar até que tenha sol lá fora; levantei tarde; telefonei para eles, mas eles não atenderam; eles não responderam ao meu e-mail. Os procrastinadores não vão a lugar nenhum. Não deixe que eles dificultem sua jornada de sucesso.

Você deve viver a sua vida rodeado de pessoas que têm a mesma maneira de pensar, que são cooperativas e agradecidas, pessoas que estão tentando realizar coisas e que trazem algo para contribuir.

Ações de sucesso
Quem tem que ir... e como?

Nomeie as pessoas que estão atualmente em seu círculo mais íntimo que têm que ir embora, completamente, e não apenas se deslocar para outro lugar da sua vida. Como fará a transição com eles individualmente?

CAPÍTULO 11

NÃO HÁ QUEM VENÇA SOZINHO

Vou ser honesto com você. Até há pouco tempo, eu realmente acreditava que poderia tomar conta da minha vida sozinho. Fui criado por dois pais fortes que me ensinaram que o mundo não me deve nada. Eles me disseram que se eu quisesse alguma coisa precisaria abaixar a cabeça, elevar meus pensamentos a Deus e começar a trabalhar. Segui esse conselho à risca, e minha vida foi realmente um reflexo da filosofia "trabalhe duro e não peça nada a ninguém". Durante grande parte da minha vida, esta estratégia funcionou.

Mas eu não estava ganhando de verdade. Eu trabalhava o dobro para receber metade. Só depois que eu mostrei humildade e comecei a realmente ouvir outras pessoas bem-sucedidas, e a observar como elas trabalhavam entre si, foi que percebi que há um conjunto diferente de regras em jogo.

Comecei a identificar e conhecer as pessoas que estavam dispostas a me ajudar, a fazer negócios comigo e que realmente queriam que eu me desse bem.

Não quero que você recuse qualquer coisa apenas porque você é muito orgulhoso ou teimoso para perceber que Deus usa frequentemente outras pessoas para ajudá-lo a chegar ao seu destino. Essas pessoas são como baús de tesouros à espera de momentos estratégicos, em sua jornada, para lhe fornecer o que você precisa. Pedir o que você quer é a única chave para abrir o baú e desfrutar do tesouro.

Tudo o que fazemos na vida que é notável exige dons que estão além do nosso próprio. A forma como usamos as bênçãos de nossos relacionamentos é a chave para torná-lo grande.

À medida que muda de um caminho para o outro você precisa se vincular a outras pessoas, porque não existe essa coisa de homem ou mulher que vença sozinho. Ninguém constrói nada de grande magnitude sozinho. Não há nada de errado em fazer parceria com outra pessoa. Muitas vezes as pessoas perdem oportunidades porque estão tentando manter tudo para si. Veja dessa forma: você pode acabar com um bolo de festa inteiro ou com metade de um bolo de tabuleiro. No final de tudo, essa metade de bolo de tabuleiro é muito mais do que um bolo inteiro só para você. Você também deve ficar atento a pessoas que pensam como você, pessoas que estão em sintonia com você. As parcerias lhe dão outra pessoa com quem trocar ideias e podem ajudá-lo a ver as coisas sob um ângulo que você nem mesmo havia considerado. Uma vez encontrado um parceiro, ele não vai necessariamente continuar com você para o resto da vida. Nem todo mundo que começa uma jornada com você pode seguir na mesma direção. Quando comecei, eu tinha um monte de parceiros, mas rapidamente aprendi que nem todo mundo era capaz de ir para o próximo nível comigo.

Conecte-se com outros sonhadores

Sou abençoado porque Deus sempre colocou outros sonhadores em minha vida para me manter abastecido quando eu não podia me abastecer por conta própria. Aprendi a me conectar a outros sonhadores no final do meu primeiro ano na Universidade de Kent.

Arsenio Hall e eu cursamos a universidade na mesma época, e me lembro quando toda a nossa turma estava discutindo o que pretendíamos fazer durante o verão. A maioria de nós tinha trabalhos já definidos para o verão, mas Arsenio disse: “Estou indo para Hollywood.” Rimos dele, porque aquilo parecia loucura para nós. Eu até perguntei: “O que você vai fazer em Hollywood?” Ele sequer pestanejou, apenas disse: “Vou ser famoso.” Eu sabia que ele fazia algumas aulas de teatro, mas não achei que fosse sério. E, como não poderia deixar de ser, Arsenio foi para Hollywood naquele verão, e eu acabei reprovado.

Após o verão, esqueci dos meus sonhos e comecei a me concentrar no pagamento do aluguel. Eu ganhava treze dólares por hora em um emprego que odiava, onde o trabalho era da meia-noite às 8h00 todos os dias e voltava para casa sujo e exausto. Todos os meus amigos tinham se formado e começado a vida, e lá estava eu trabalhando em uma fábrica num emprego que eu mal conseguia manter por causa das demissões. Percebi que eu não vivia, apenas sobrevivia.

Uma noite, alguns anos mais tarde, eu estava sentado na beira da cama, assistindo tevê e me preparando para trabalhar, quando ouvi: "... e apresentando de Cleveland, Ohio... Arsenio Hall." Olhei com mais atenção e, realmente, lá estava Arsenio no programa *Don Kirshner's Rock Concert*. Arsenio tinha conseguido. Lá estava ele contando piadas e em vias de se tornar um comediante exatamente como havia dito que faria. Ele conseguiu ir para Hollywood e estava trilhando seu caminho. Fiquei lá sentado, admirado, repetindo: "Uau!" Comecei a ligar para todos os meus amigos, acordando-os e dizendo para ligarem suas tevês.

Mais tarde, quando fui trabalhar naquela noite, continuei a dizer: "Conheço esse cara, e ele teve sonhos assim como eu. Se ele teve um grande sonho e foi bem-sucedido, eu também poderia." Até hoje nem sei se Arsenio sabe que mudou a minha vida. Mas aprendi que estar próximo de outro sonhador pode direcioná-lo quando você esquece como sonhar para si mesmo.

Como pedir o que quer

O homem não pode vencer sozinho. Você precisa de outras pessoas ao seu redor para ter inspiração e motivação. E tenho certeza de que, em algum momento, você também vai precisar delas para recursos materiais ou conselhos. Seja qual for o caso, você precisa ser corajoso o bastante para pedir. Nem sempre me senti assim. Na verdade, o que me incentivou foi perceber que eu não tinha nada a perder. Eu também não tinha nada a provar e nada do que me envergonhar, portanto, em caso de rejeição, eu não tinha nada a temer. Reconhecer isso praticamente duplicou o meu nível de confiança. Fiquei forte para ir em frente e pedir. Você não tem ideia do número de pessoas bem-sucedidas perto de você que estão à espera de alguém que lhes peça ajuda ou orientação.

Eu poderia ter me poupado de muito sofrimento se não me importasse em pedir coisas às pessoas. Mal sabia eu quantas pessoas estavam sentadas em volta apenas à espera de ter uma conversa comigo, de se associarem a mim. Magic Johnson não se importa de sentar para conversar. John Hope Bryant não se importa de falar comigo. Tyler Perry não se importa de conversar. O presidente dos Estados Unidos não se importa de conversar. Grandes organizações, como a William Morris Endeavor, não se importam de conversar comigo. O presidente da NBC não se importa de falar comigo. Eu estava tão preocupado em me orgulhar de mim mesmo por não pedir nada que quase fiquei de fora.

Não há problema em sentar e fazer um *brainstorm* com pessoas que pensam como você e compartilhar o que está acontecendo na sua vida. Você pode não ter que pedir tanto quanto pensa. Apenas o simples fato de você puxar uma conversa poderia ser o que eles estivessem esperando, ou talvez essa outra pessoa esteja buscando alguém que queira fazer algo, que esteja ansiosa para compartilhar, e essa conversa inicial vai conduzir a grandes coisas. Mantenha isso em mente. Tudo o que você precisa fazer é falar com pessoas de pensamento semelhante ao seu, e eu prometo, elas não vão se importar de falar com você.

Identifique o que você quer

Como espera ter o que necessita, se não abre a boca para pedir? Nossa vida é um reflexo direto de nosso desempenho na comunicação. Se você não estiver disposto a comunicar suas necessidades aos seus empregadores, clientes, sócios e membros da família, você não pode culpá-los por não lhe dar o que você precisa. Você não sabe tudo, não conhece todo mundo, e não pode fazer tudo sozinho.

Todo o poder, sem nenhuma vergonha

Várias pesquisas ilustram o quanto é poderoso pedir o que queremos. Os estudos mostram que, na maioria dos casos, as pessoas dizem sim para quem pede o que deseja, com muito mais frequência do que se espera. Além disso, a maioria dos pedidos parece maior na cabeça do solicitante do que realmente o são para os solicitados. Lição aprendida? Pedir o que você quer lhe dá uma chance melhor de conseguir do que não perguntar. Portanto, por que a maioria de nós não pede o que quer?

Um estudo realizado pela socióloga Annette Lareau mostrou como crianças de diferentes classes socioeconômicas veem a questão de fazer perguntas. As crianças de ambientes abastados e de classe média acreditavam que tinham o direito de pedir as coisas que sentiam que mereciam. Elas praticamente se dispunham a ter o que queriam, criando um hábito e um sistema de valor ao pedir o que desejavam.

Por outro lado, há pessoas que cresceram como eu, em um ambiente onde você era visto como fraco se não soubesse algo. E nem me falem sobre pedir o que precisa. Portanto, muitas vezes não fiz isso porque não queria que ninguém soubesse que eu precisava de algo. Esse foi o orgulho me impedindo de conseguir tudo que eu queria, precisava e realmente merecia. Não há vergonha em não saber alguma coisa, em não ter algo ou em querer ou precisar de algo. Grande parte do que vai determinar a diferença entre uma vida boa e uma vida incrível está a uma pergunta de distância. Sem vergonha, você tem acesso a mais poder.

Construindo relacionamentos

Embora haja poder no pedido, ele também envolve riscos. As pessoas podem dizer não. Alguns podem fazer suposições com base nos nossos desejos ou necessidades e outros podem nos rejeitar e à nossa ousadia em pedir o que queremos. Mas o medo dessas respostas aumenta em mil vezes quando todas as nossas interações com as pessoas são apenas transacionais.

Se você interage com pessoas apenas quando precisa ou quer algo, elas podem ver suas intenções a um quilômetro de distância. Pedir o que quer vira um processo totalmente diferente quando você lida com pessoas com base em relacionamentos cultivados. Mas isso pode ser difícil para muitos de nós. Não queremos ser vulneráveis, e construir verdadeiros relacionamentos exige um nível mais elevado de transparência. No entanto, se você está tentando ter acesso à capital para lançar um novo negócio ou convencer o seu patrão de que você merece um aumento, um relacionamento profissional significativo pode fazer toda a diferença. Quando as pessoas respondem a um pedido, elas normalmente não estão apenas dando um sinal positivo ou um sinal negativo para o que você pediu. Elas estão, na verdade, avaliando o que pensam de você, o risco envolvido e o potencial de retorno. Como vamos começar a pedir o que queremos?

Aqui estão seis princípios para ajudá-lo a conseguir um sim.

1. SAIBA O QUANTO VOCÊ VALE. Se você não sabe o seu valor, está permitindo que outra pessoa o determine. No entanto, saber o seu valor não é suficiente, se não comunicá-lo com ousadia. Se você determinou que vale US$ 150.000 por ano, tem de estar disposto a lutar para chegar o mais perto possível deste valor. Na verdade, você tem que estar preparado para pedir mais do que os US$ 150.000, para ter espaço para negociar. Como ocorre com qualquer pedido, você pode não conseguir *exatamente* o que quer. No entanto, quando você sabe o seu valor, e luta por ele de modo profissional, garanto que vai sair com mais do que se não tivesse pedido nada.

2. RECONHEÇA O QUE VOCÊ MERECE. Muitas pessoas, mulheres em particular, colocam seus desejos e necessidades em segundo plano, em benefício de todos os demais. Não há nada nobre em negar a si mesmo a vida que estava destinada a ter para acomodar outra pessoa. Isso não significa que não fazemos concessões para as pessoas que amamos ou àquelas com quem estamos desenvolvendo negócios. Entretanto, se as suas necessidades estão sempre sendo colocadas em segundo plano, é hora de fazer uma pausa e priorizar mais uma vez os seus valores e compromissos. Aviso: tenha cuidado para não confundir o que você merece, que é pelo que você trabalha, com uma percepção do que é seu por direito, que é o que você quer, mas não trabalha para isso.

3. SEJA ESPECÍFICO. É importante ser específico em relação ao que você quer e precisa. A falha em comunicar o que você precisa vai adicionar frustração e aumentar a sua linha do tempo para chegar ao sucesso.

4. NÃO PRESUMA NADA. As pessoas não leem mentes. Não me importa o quanto você conheça alguém: nunca presuma que saibam o que você quer ou precisa. Mesmo que você ache que elas "deveriam" saber, deixe claro suas necessidades de antemão.

5. **COMUNIQUE OS SEUS VALORES.** Seja claro sobre o que você vai tolerar e o que não vai. O caminho mais rápido para a frustração é a falha em comunicar o seu sistema de valores. Isso pode ser desafiador quando se está realmente passando necessidade. Mas não seja o tipo de pessoa que pode ser facilmente comprada. Não comprometa os seus padrões de conduta.

6. **RECONHEÇA QUE O "NÃO" NÃO É UMA REJEIÇÃO.** O banco, seu patrão e mesmo o seu cônjuge nem sempre vão dizer sim. Eles podem não ser capazes de lhe dar o que você quer. Dê o melhor de si para ver a situação sob todos os ângulos e não apenas o seu próprio antes de cortar um relacionamento, recusar uma oportunidade ou tomar decisões sem volta.

Seu dom está esperando você lutar pelo que quer. Quando você constrói um mundo do jeito que quer, está dando ao seu dom mais espaço para crescer. Você já foi longe para convencer alguém sobre o que você quer sem precisar pedir. A pior coisa que pode acontecer é alguém dizer não. A melhor coisa que pode acontecer quando você pede o que quer é... conseguir o que quer e precisa.

Ações de sucesso

Liste três coisas que você deseja e nunca pediu:

1. ______________________________

____

2. ______________________________

____

3. ______________________________

____

Por que não pediu por estas coisas?

1. ______________________________

____

2. ______________________________

____

3. ______________________________

____

Identifique três pessoas a quem deveria pedir algo.

1. ____

____

2. ____

____

3. ____

____

Parte Três

Como maximizar o seu dom

CAPÍTULO 12

APRESENTAÇÃO DOS LUTADORES

Quando eu era jovem em Cleveland, eu era lutador de boxe. Simplesmente adorava o esporte quando era criança, e ainda adoro nos dias de hoje. Qualquer entusiasta pode lhe falar como é a apresentação dos lutadores, uma análise pré-luta que mostra medições detalhadas de cada lutador. Quando você assiste à apresentação na tevê, as medições normalmente incluem idade, peso e alcance do braço de cada boxeador. No passado costumava incluir as medições do bíceps, peito, cintura, coxa, pescoço, panturrilha e até do tornozelo. Apesar de você e eu não sermos capazes de fazer muita coisa com esses números, os verdadeiros analistas de luta podem identificar os pontos fortes e fracos antes mesmo de um único soco ser dado.

Conheça o seu oponente

Uma das maiores lutas da história do boxe foi a *Rumble in the Jungle* em 1974, entre o campeão dos pesos pesados George Foreman e o ex-campeão dos pesos pesados Muhammad Ali. A luta ocorreu em Kinshasa, no Zaire (agora República Democrática do Congo), e quase todos os especialistas previram que o campeão mais jovem, mais forte e poderoso derrotaria o ex-campeão exuberante, mais velho, extravagante, porém mais fraco.

Ali sabia melhor do que ninguém quais eram seus pontos fortes e fracos. Sabia que não poderia bater mais forte do que Foreman, e sabia que sua típica dança em volta do ringue não teria o mesmo impacto em Foreman como teve sobre os lutadores anteriores com diferentes habilidades. Ali avaliou as habilidades de seu desafiante e olhou para elas em conjunto com as dele próprio. Fazendo uso do que havia aprendido, desenvolveu uma estratégia que nunca tinha tentado antes. Em uma boa parte dos oito *rounds*, Ali se recostou contra as cordas, permitindo que Foreman lançasse socos que exigissem maior esforço, mas que causassem o mínimo de estrago. Em outros momentos, Ali chegava perto de Foreman e se inclinava sobre ele, de modo que Foreman o segurasse no alto, e então Ali desferia golpes no rosto dele. No oitavo *round*, Foreman estava fraco por ter gasto muita energia, tanto desferindo socos quanto recebendo golpes de Ali. Ali nocauteou Foreman naquele *round* e surpreendeu muita gente no mundo do boxe.

Ali não era o lutador mais forte naquele dia. No entanto, ele era o lutador que tinha feito uma melhor avaliação das habilidades. Você tem que adotar essa mesma mentalidade uma vez que está à procura de novas oportunidades, novas mudanças na carreira e até mesmo novos relacionamentos. Assim como no boxe, o que é um ponto fraco contra um lutador pode ser um ponto forte contra outro. Quando você olha para a sua lista de habilidades, quais são suas potenciais vantagens e desvantagens?

Se você tem fortes habilidades em comunicação, gerenciamento de projetos e formação de equipe, mas tem deficiências em orçamento e finanças, é improvável que suas habilidades dessem certo para uma posição de diretor financeiro. Por outro lado, se você tem pontos fortes em tecnologia e design digital, suas habilidades poderiam se alinhar bem com um cargo de diretor de tecnologia. Certifique-se de que conheça a oportunidade, o relacionamento ou o trabalho bem o bastante para dimensionar as exigências em relação às suas habilidades, de modo que você possa fazer melhor do que o esperado.

O sucesso exige o seu melhor esforço

Você não pode dar o seu melhor quando não sabe qual é o seu melhor. Conhecer seus pontos fortes e fracos é importante porque você precisa aprender como maximizar seus ganhos e minimizar suas perdas. Assumir os desafios da vida, dos negócios, do trabalho, da saúde e da família significa dizer que você terá que levar e dar um monte de socos. Ser honesto quanto às suas deficiências o colocará em uma situação em que vai tomar menos socos e minimizar a chance de ser nocauteado em seu caminho para o sucesso.

Por fim, cada um de nós tem a capacidade de evoluir e crescer mais forte ou de permanecer estagnado e se tornar mais deficiente. Quando você sabe o que faz bem, pode desenvolver uma estratégia para o crescimento. Tudo isso é possível com um pouco de trabalho, mas nada irá acontecer se você não reservar um tempo para conhecer seus pontos fortes e reconhecer suas deficiências.

Como saber os seus pontos fortes e fracos

A avaliação de seus pontos fortes e pontos fracos não é um processo emocional. Pelo contrário, é um momento de catalogar suas habilidades. Saber o que você faz bem versus o que ainda precisa melhorar vai ajudá-lo a identificar suas habilidades pessoais e suas características. Quando der início a essa caça ao tesouro para revelar suas qualidades, aqui estão as áreas por onde você pode começar a procurar seus pontos fortes e pontos fracos.

- **HABILIDADES BASEADAS NO CONHECIMENTO:** elas incluem diplomas, línguas, conhecimentos técnicos, habilidades industriais específicas ou habilidade gerencial que tenha adquirido a partir da formação educacional ou de experiência profissional.

- **HABILIDADES TRANSFERÍVEIS:** essas incluem características do dia a dia que você pode trazer consigo em qualquer situação, tais como habilidades de comunicação, conhecimento financeiro, experiência de atendimento ao cliente, aptidão de liderança, capacidade de resolver problemas e experiência em gestão de projetos.

- **HABILIDADES DE CARÁTER:** traços como honestidade, pontualidade, trabalho duro, confiabilidade e credibilidade são características importantes que serão úteis tanto pessoal quanto profissionalmente.

Primeiro, vamos dar uma olhada em seus relacionamentos pessoais e profissionais. Quais são as habilidades que você demonstra nos relacionamentos interpessoais? Você é um bom ouvinte? É solidário? Agora pense nas áreas que precisam de melhorias. Você pode ser mais paciente? Precisa trabalhar em sua capacidade de comprometimento?

Em seguida, vamos nos concentrar em sua carreira profissional. Quais são as habilidades necessárias para fazer bem o seu trabalho? Em quais os seus funcionários o classificaram com as notas mais altas durante suas avaliações de desempenho? Quais são as áreas que foram marcadas para crescimento contínuo e melhorias?

Agora que você tem uma lista de habilidades nessas duas áreas principais, quero que identifique qual é o tipo de habilidade (por exemplo, baseada no conhecimento transferível ou de caráter). Observe se é um ponto forte ou uma deficiência, e avalie cada uma delas como a seguir: Superior, Bom, Proficiente e Precisa de melhoria. Para que você possa ter uma ideia de como classificar suas habilidades, incluí minha própria apresentação na tabela abaixo.

APRESENTAÇÃO PESSOAL DO LUTADOR STEVE SKILL RANK

HABILIDADE	TIPO	PONTO FORTE (PF) OU DEFICIÊNCIA (D)	CLASSIFICAÇÃO
Comunicações	Transferível	PF	Superior
Marketing	Baseado em conhecimento	PF	Superior
Construção de relacionamentos internacionais	Baseado em conhecimento	D	Precisa de melhoria
Capacidade de ouvir	Caráter	PF	Bom
Fazer orçamento	Transferível	D	Proficiente

Esta autoavaliação vai lhe dar um retrato honesto de si mesmo. No entanto, antes de completar a sua ficha, tenha isso em mente: você tem que completar sua avaliação com base em onde se encontra *hoje*.

Não se torture com as deficiências do passado ou subestime os pontos fortes quando é nítido que determinadas áreas se desenvolveram.

Quais são as suas habilidades?

APRESENTAÇÃO PESSOAL

HABILIDADE	TIPO	PONTO FORTE (PF) OU DEFICIÊNCIA (D)	CLASSIFICAÇÃO

Usando um observador externo

Sua avaliação pessoal é importante, mas você também precisa de uma perspectiva de fora. Você pode querer considerar a contratação de um *coach* de desenvolvimento de negócios para avaliar as suas habilidades. Se não for possível, você pode pedir a uma colega de longa data ou a um amigo de confiança para avaliar, de forma objetiva, as suas habilidades. Se houver um grande número de pessoas com quem você pode contar em seu círculo íntimo, considere uma pessoa para fazer uma avaliação pessoal e outra para a sua avaliação profissional. Assim que começar a trabalhar com seu observador externo, aqui estão três coisas para ter em mente:

1. **ESTEJA ABERTO.** Seu *feedback* com seu observador externo será mais eficiente se você puder deixar de lado as suas crenças e ouvir o que o observador tem a dizer.

2. **MANTENHA SUAS EMOÇÕES SOB CONTROLE.** O observador pode revelar algo que pode deixá-lo sensível. Não se feche quando ouvir algo desconfortável. Permaneça firme e use essa conversa como uma oportunidade para aprender e crescer.

3. **OUÇA COM A CABEÇA E NÃO COM O CORAÇÃO.** Identifique onde os seus pontos fortes e deficiências afetam a sua vida de maneira que não tinha pensado antes.

Gerenciamento dos pontos fortes e melhoria das deficiências

Há características de seus pontos fortes e fraquezas que você precisa compreender para garantir o seu sucesso.

Como intensificar seus Pontos Fortes:

- **SEJA CONFIANTE, MAS NÃO ARROGANTE.** Conheça seus pontos fortes e use-os ao seu favor. Seja confiante o bastante para inserir suas habilidades nas oportunidades que vão proporcionar progresso e crescimento. No entanto, até mesmo seus pontos fortes têm limites. Conheça suas limitações e administre-as bem.

- **ESTEJA PRONTO PARA LUTAR.** Floyd Mayweather Jr. nem sempre é a pessoa mais popular, mas tem a particularidade de quase sempre estar no peso da luta. A maioria dos boxeadores tem que treinar durante meses para chegar ao peso certo. Da mesma forma, você tem que trabalhar de forma consistente em seus pontos fortes. Educação continuada, treinamento complementar e ler tudo o que cair em suas mãos não vai apenas manter suas habilidades afiadas, mas também vai ajudá-lo a crescer.

- **DESENVOLVA OU MORRA.** Se não desenvolver outros pontos fortes, seus inimigos vão sempre saber quais escolhas você vai fazer. Mude as coisas, aprenda e domine outras habilidades e aplique-as estrategicamente, de modo que você possa ficar à frente do mercado e de seu ofício.

Como trabalhar suas deficiências:

- PROTEJA SUAS DEFICIÊNCIAS. Assim como Ali, você não tem que expor suas deficiências. Lembre-se de identificar oportunidades que se relacionem com seus pontos fortes.

- ESCOLHA SUAS DEFICIÊNCIAS. As deficiências são um prejuízo apenas se você permitir. Crie parcerias com pessoas cujo ponto forte seja a sua deficiência. Aprenda com elas e desenvolva essa área, de modo que você possa crescer mais forte.

- DESENVOLVA OU MORRA. Se você ficar na mesma, seus inimigos vão saber onde atacá-lo. Continue a se desenvolver, para que até mesmo as áreas que precisam de melhorias possam ser recursos.

Conhecer os seus pontos fortes e deficiências é, sem dúvida, a diferença entre o sucesso e o fracasso. Avalie suas habilidades e desenvolva uma estratégia, de modo que suas habilidades sejam sempre usadas para o seu avanço.

Ações de sucesso

Quais são os pontos fortes nos quais deseja se concentrar em sua próxima oportunidade, emprego ou relacionamento?

____

____

____

____

____

____

____

____

____

____

Quais são as três oportunidades às quais você pode vincular as suas habilidades?

1. ____
____
2. ____
____
3. ____
____

Qual é a deficiência que deseja fortalecer, e como vai fazer isso?

____
____
____
____
____
____
____
____

CAPÍTULO 13

NUNCA TENHA MEDO DE SE REINVENTAR

O que me ajudou durante toda a minha carreira foi a minha total disponibilidade para me reinventar. Quando fui apresentador do *Celebration of Gospel* por treze anos, foi um giro de 180 graus de quando eu era um dos The original kings of comedy. Usei a minha experiência passada de ter crescido na igreja para apresentar o *Celebration of Gospel*, que então me impulsionou para um espaço mais amplo de pessoas.

A minha disposição para me reinventar, ainda que de apresentações solo para fazer parte de uma turnê com um grupo de homens, abriu as portas para o filme *The Original Kings of Comedy*, que então me impulsionou para um nível nacional como nunca antes. Depois, a pedido da editora HarperCollins, recebi uma oferta para escrever o meu primeiro livro. Nunca tive a intenção de me tornar um escritor, mas me liberei daquele medo, e o livro resultante acabou sendo um grande sucesso. Com a popularidade do livro *Comporte-se como uma dama, pense como um homem*, a produtora de televisão Fremantle-Media veio me consultar: "Você é muito popular entre as mulheres. Temos um *game-show* que gostaríamos que desse uma olhada." Assim comecei a apresentar o programa *Family Feud*.

Eu sempre quis um programa de estrevistas, mas depois do meu sucesso com o *Family Feud*, a NBC e a Endemol me abordaram com essa: "Temos um projeto diurno para você." Perdi o meu medo de televisão diurna e fui fazer o meu próprio programa. Minha vontade constante de me reinventar me ajudou a não ficar preso na obsolescência, o que significaria desejar apenas uma única coisa a vida inteira.

A mudança chega à vida de todas as pessoas. Você pode ou reagir a ela ou participar dela. Eu opto por participar de todas as mudanças em minha vida. Se você vive sua vida reagindo à mudança, então você está se colocando em dificuldades. A minha escolha é ser proativo e participar da mudança. Eu realmente acredito que essa tem sido uma grande parte do meu sucesso. Quanto mais disposto estiver a ser parte da mudança, mais bem-sucedido você se tornará.

Como maximizar suas experiências

Diversificar seus dons também significa saber como usar outras experiências em sua vida. A maioria de nós realmente tem apenas um talento. O meu é adquirir informações e transferi-las imediatamente para outros tipos de plataforma. Eu sei como pegar informações e transformá-las em comédia, inspiração, motivação ou orientação. Ao mesmo tempo, achei que o meu único talento fosse transformar informações em comédia. A medida em que fui ficando mais velho, porém, as minhas experiências me mostraram que posso obter essas informações e transformá-las de várias maneiras e, ao fazê-lo, torno-me uma pessoa inspiradora, compartilhadora e motivadora.

Se você é um cabeleireiro, seus dons podem levá-lo a ensinar ou a conduzir seminários em uma escola de cabeleireiros, a criar produtos para cabelos ou a apresentar seu próprio programa de cabelos na tevê. Nunca se sabe. Você só tem que ficar aberto às possibilidades para diversificar seu dom.

Deixe-me fazer uma análise usando o meu amigo Earvin "Magic" Johnson. Ele é um dos maiores jogadores de basquete que o mundo já viu. Mas eu não acho que seu dom seja jogar basquete. Acredito que seja conectar-se com pessoas de uma forma que poucos conseguem. O basquete é um talento. O que Magic tem feito fora das quadras é seu dom, ou seja, o fortalecimento das comunidades com recursos e comércio, convencendo as pessoas certas a acreditarem em sua visão. Seu talento o colocou na posição de exercer o seu dom. Ao observar Magic Johnson deslanchar em uma carreira pós-basquete, você percebe que este homem pode falar com qualquer um, independentemente de sua formação, e fazer com que eles acreditem que suas próprias ideias são possíveis. Este é o seu verdadeiro dom, e os tipos de relacionamentos profissionais e pessoais que foi capaz de criar com esse dom eclipsaram em muito sua proeza no basquete. Quando você se compromete com a excelência, até mesmo um talento pode levá-lo a lugares surpreendentes.

Sinbad foi um cara que eu realmente admirei quando comecei na comédia. Lembro-me dele me dizendo, uma noite, que era capaz de conseguir US$ 50.000 por semana em alguns dos clubes onde ele se apresentava. Na época, eu achava que estava tudo bem fazer apenas US$ 500 por semana, mas quando ouvi falar da quantia de dinheiro que Sinbad podia atrair, estabeleci como objetivo ganhar esse valor. A minha falta de capacidade de trabalhar *todos* os tipos de público não iria contribuir para que eu chegasse nem próximo daquele salário de US$ 50.000. Tive que intensificar o meu jogo, estudar o meu ofício, e aprender de verdade o que estava acontecendo no mundo, para que eu pudesse criar o tipo de piada que me permitiria compartilhar o meu dom com uma gama mais ampla de públicos.

Você não é um vendido se expande seus dons e talentos para ampliar a sua capacidade de atração entre um público mais amplo ou uma arena maior. Quanto mais aberto você for, mais rápido vai realizar os seus sonhos. É necessário ter uma visão expansiva para alcançar as possibilidades de sua vida. Não podemos permitir que a mesquinhez interfira em nossas recompensas. Afaste-se de sua zona de conforto e tente algo novo, algo aventureiro, ao utilizar o seu dom.

A Bíblia diz: "Eu vim para que tenham vida, e a tenham plenamente." Em nenhum lugar nas Escrituras está escrito: "Eu vim para que você possa ter uma vida confortável, segura, protegida que faz com que todos sejam felizes."

A diversificação do seu dom lhe dá a oportunidade de chegar a pessoas com quem você não teria sido capaz de se conectar anteriormente. Há janelas de bênçãos que Deus tem apenas para você, caso tenha a fé para levar o seu dom ao próximo nível.

Quando escrevi *Comporte-se como uma dama, pense como um homem*, em 2009, eu estava diversificando o meu dom. Temos que aprender a sonhar mais alto do que nossas circunstâncias passadas e atuais, de modo a criar um retrato maior que vá nos inspirar a seguir em frente.

Impregnado, mas não preso

Um grupo de músicos do qual tenho muito orgulho neste momento é o Roots. Se você ainda não assistiu ao novo *Tonight Show starring Jimmy Fallon*, está perdendo a chance de ver uma das bandas mais incríveis tocar toda noite. O que eu adoro sobre a Roots é que essa é uma banda que começou como um grupo de hip-hop que tocava ao vivo na Filadélfia, EUA. No entanto, quando você sintoniza no *The Tonight Show*, eles estão tocando com *todo mundo*, desde o Nas ao U2, do Steven Tyler ao Willie Nelson. A Roots é uma banda claramente impregnada de hip-hop e das tradições da soul music, mas esses caras não se prendem a isso. Essa banda, sem dúvida, aprecia suas raízes (trocadilho intencional), mas os integrantes não permitiram que seu passado os mantivesse presos em apenas uma visão sobre o futuro de sua carreira.

De todo modo, não quero que você jogue janela afora nenhuma das tradições, legados e habilidades que vieram junto com seu dom. Esse conjunto único de características é o que o torna diferente do das outras pessoas. Embora você deva reservar um tempo para incrementar o seu dom com todas as ricas técnicas e truques de negócios que você aprendeu ao longo dos anos, não fique preso a elas. Não quero que você caia na armadilha de saber como fazer bolo de casamento apenas do modo como sua mãe ensinou quando ingressou na loja dela em 1985. Sei que você toca guitarra com sua banda no sábado à noite, mas não perca a oportunidade de aprender a tocar violão para uma festa de aposentadoria durante a semana. Quem sabe? A festa pode ser mais animada do que o seu show no sábado à noite, se você escolher a música certa.

Eu adoro o falecido comediante Richard Pryor. Provavelmente posso citar a maioria das piadas de seus populares álbuns de comédia, mas ficar preso a Pryor não é o tipo de habilidade cômica que poderia contribuir para que eu fosse convidado a apresentar o *Celebration of Gospel*. Fazer algo que faça com que uma congregação ria é diferente de chacoalhar uma multidão em um clube de comédia em uma sexta-feira à noite.

O meu especial de comédia *Don't Trip... He Ain't Through with Me Yet!*, que fiz em 2006, foi um dos primeiros programas em que atuei para um público predominantemente cristão. Orei a Deus para que eu não escorregasse e falasse palavrões diante daquelas pessoas. Ele me abençoou com um material rico e bem-humorado que se adaptou bem àquele público e mais. As minhas raízes não mudaram, apenas o meu material.

Não deixe que a sua experiência se torne uma limitação. As pessoas mais inteligentes nos negócios tiram o melhor do que aprenderam de seus pais, mentores, colegas e patrões e usam isso para construir a partir daí. Você nunca vai ouvir um inovador como Bill Gates, Warren Buffett ou Oprah Winfrey dizer: "Estamos fazendo isso desta forma, porque é como isso sempre foi feito." As pessoas de sucesso apreciam de onde elas vieram, mas não deixam que o seu passado defina o tom para o seu futuro. As pessoas de sucesso são inovadoras.

Ações de sucesso

Reserve um tempo para anotar todas as habilidades e talentos que vêm junto com o seu dom. Pode ser tão pequeno quanto saber como criar uma agenda para uma reunião ou tão grande quanto a organização de uma festa para o seu escritório.

Relacione maneiras com as quais você possa diversificar ou expandir o seu dom para um público mais amplo ou uma arena maior. Não tenha medo de pensar GRANDE aqui. Como você pode, de fato, levar os seus dons para o próximo nível?

CAPÍTULO 14

O PODER DO NÃO

Há muitos anos, fui dono de um clube de comédia. Uma das coisas que aprendi sobre mim depois deste negócio foi que eu nunca, jamais venderia álcool para mais alguém. A pior experiência que já tive foi falar para pessoas bêbadas! Eu disse a Deus, quando saí do negócio do clube de comédia, que nunca mais promoveria o álcool novamente.

Foi fácil manter essa promessa, até que a Crown Royal tornou-se patrocinadora da turnê do The original kings of comedy. Eu estava apresentando o show quando o promotor me deu uma lista de aspectos positivos a dizer sobre o uísque Crown Royal para levar as pessoas a comprá-lo. Eu disse não. Ele começou a me dizer sobre o montante de dinheiro que estávamos fazendo por causa do Crown Royal, o que era verdade. E não há nada de errado com o produto quando usado com moderação, se é isso que a pessoa escolhe para beber. Mas eu tinha feito uma promessa de que eu não usaria a minha fama ou fortuna para promover o consumo de álcool. Eu tenho outros vícios. Eu fumo charuto. Não sou perfeito, mas escolhi não promover o álcool.

Isso se tornou um problemão. O promotor ameaçou cortar o meu dinheiro e tirar o patrocínio. Houve algumas discussões, com o promotor de pé ao lado do palco tentando me fazer vender álcool. Essa batalha continuou por cerca de seis semanas. Ele fez tudo o que pôde para me fazer promover as bebidas alcoólicas. Eu realmente gostava do pessoal da Crown. Eles vinham ao show e eram grandes patrocinadores. Eles nos ajudaram bastante. O símbolo de coroa na sacola representava os reis do The original kings of comedy. Era uma grande associação. Expliquei que eu não venderia o produto, porque não gostava do que a bebida fazia com as pessoas. Quem não compreende isso? Pelo fato de eu ser famoso, a estrela do *The Steve Harvey Show*, eles achavam que iria ter muito mais peso se eu dissesse isso. Não estou dizendo que as pessoas não devam beber o produto. Como uma pessoa de integridade, estou dizendo que não vou vender às pessoas algo que eu não uso.

Tive que me manter firme. O Crown Royal compreendeu o que eu quis dizer. Entenderam que não podiam fazer com que eu promovesse a marca deles. Eu defendia algo. Sempre achei importante defender alguma coisa e defendi com orgulho.

"Não" é uma palavra poderosa. Arrisquei ser demitido ao defender aquilo em que eu acreditava. Ser capaz de dizer "não" vai ajudar você a se tornar confiante na definição de padrões pessoais, assim como a se sentir confortável a estabelecer limites, ambos são críticos em sua jornada rumo ao sucesso.

O PODER DO NÃO

Dizer "não" lhe dá uma série de poderes que gosto de chamar de "Os 5 Es". Eles são os seguintes:

O PODER DA ENERGIA. Dizer "não" lhe dá a energia para se concentrar no que o move para mais perto do seu destino.

O PODER DO EGO REDUZIDO. Dizer "não" também é ser forte o bastante para admitir que você não pode fazer tudo. Mesmo quando tentamos ser o melhor, temos que perceber que não somos Deus. Não tente fazer tudo. O plano que você tem para o seu dom vai guiá-lo.

O PODER DE EMPODERAR. Dizer "não" lhe dá a capacidade de deixar alguém brilhar. Recomende outras pessoas para a honra. O seu "não" vai abrir a porta para que outros subam.

O PODER DE ELIMINAR A PERMISSIVIDADE. Algumas pessoas dizem sim o tempo todo, para poupar os outros, para acobertá-los quando não assumem a responsabilidade de fazer algo. *Pare*. O seu "não" força alguém a se envolver com aquilo para o qual está sendo solicitado. Mesmo que você o deixe falhar uma vez... você o está ajudando a longo prazo. O seu "sim" está apenas adiando o inevitável.

O PODER DE EXTORQUIR O SEU INIMIGO. As pessoas podem querer roubar e manipular o seu dom. Dizer "não" permite que você use o seu dom e poder no lugar certo, na hora certa, com o propósito certo. Pare de dar o seu dom para aqueles que querem te usar para o desenvolvimento do legado deles, à custa do seu. Não deixe que ninguém te distraia e tire o seu foco de sua visão.

Maximizar esse poder vai ajudá-lo a evitar todos os tipos de situações que o levam cada vez mais para fora do seu caminho para o seu sucesso.

O TESTE DO NÃO

Quando falo com as pessoas sobre dizer "não", uma das perguntas que me fazem com maior frequência é: "Como você sabe quando dizer não?" E essa é uma boa pergunta. Pois nem toda oportunidade, relacionamento ou experiência que aparece em seu caminho, mesmo que seja algo que você queira, é boa para você. Alguma vez já pensou que queria alguma coisa e, quando lhe foi apresentada, disse que sim, e pouco tempo depois desejou ter dito não? Eu também. Bem, deixe-me lhe dar uma lista que vai ajudá-lo a determinar o que oferece garantia ao não.

- Essa oportunidade, evento, relacionamento, emprego, pedido etc. o move para mais perto de um ou mais itens em seu quadro de visão?
  ❑ SIM ❑ NÃO

- Essa oportunidade, evento, relacionamento, emprego, pedido etc. dá apoio ao seu dom?
  ❑ SIM ❑ NÃO

- Essa oportunidade, evento, relacionamento, emprego, pedido etc. entra em conflito com uma tarefa que você esteja fazendo,

ou algo que você precisa que seja feito, que esteja de acordo com um ou mais dos itens em seu quadro de visão?
❑ SIM ❑ NÃO

- Essa oportunidade, evento, relacionamento, emprego, pedido etc. beneficia mutuamente tanto você quanto as outras partes envolvidas (independentemente de quem se beneficie mais)?
❑ SIM ❑ NÃO

- Essa oportunidade, evento, relacionamento, emprego, pedido etc. entra em conflito com uma crença moral, mesmo que beneficie você de outras maneiras?
❑ SIM ❑ NÃO

- Você está sendo compensado de forma justa (como você vê) por esta oportunidade, evento, relacionamento, emprego, pedido etc.?
❑ SIM ❑ NÃO

Isso o ajuda a se aproximar ou levá-lo para mais longe do que você definiu como o objetivo? Dizer "não" agora vai recompensá-lo com a vitória mais tarde.

Parte Quatro

Como criar o seu legado

CAPÍTULO 15

COMO SE CURAR DOS INIMIGOS ATRAVÉS DO SUCESSO

A Bíblia diz: "A morte e a vida estão no poder da língua."

Na busca para se tornar bem-sucedido e ser mais, ter mais e desfrutar de mais, há de haver oposição. É triste dizer, mas a oposição nem sempre diz respeito apenas a circunstâncias. Muitas vezes diz respeito a outras pessoas, e essas pessoas se mostram como inimigos. Toda vez que você toma uma decisão de fazer mais, ser mais, querer mais, lá vem a oposição. A boa notícia é que não há progresso sem isso. Não há necessidade de abordar a oposição, pois ela será contínua. A única cura para inimigos é o sucesso. O seu primeiro pensamento pode ser: "Eu poderia realmente fazê-los entender." Sim, você poderia. No entanto, para fazê-los entender, você tem que interromper sua escalada.

Meu pai me disse para nunca tirar o pé de uma escada para chutar alguém que estivesse me chutando. Quando eu fizesse isso, deixaria de subir. Enquanto eles estavam chutando, meu pai me disse que eu deveria continuar pisando, pé ante pé. Eles podem chutar apenas uma vez. Se eu continuasse a subir, eles seriam deixados para trás. Na tentativa de me machucar, de impedir o meu progresso, eles ficariam para trás porque se permitiram desviar de sua programação.

Considere o sucesso como uma escada. Toda vez que você subir um degrau, você tem que levantar um pé mais alto do que o outro. Se você parar para abordar um oponente, você deixará de levantar o seu pé para o próximo nível. Agora passará a desperdiçar o seu tempo com uma pessoa que não é tomadora de decisão, um líder político, uma pessoa influente ou um agente de mudanças. Eles são simplesmente um oponente. O único objetivo deles é impedir o seu progresso e, quando você parar para enfrentá-los, vai ajudá-los a realizá-lo. Você não pode se dar ao luxo de perder um único dia se envolvendo com esse tipo de energia.

Ninguém que eu conheça que leve a sério os negócios se importa com a oposição. Eles não têm tempo. Os inimigos não têm valor significativo. Nenhum anunciante diz: “Espera um minuto, vamos anunciar aqui, mas vamos verificar o que os opositores dizem.” Ninguém que edite livros diz: “Ei, estamos para publicar este livro, mas, bem, antes disso, vamos verificar o que os inimigos estão lendo.” Ninguém que esteja procurando preencher um cargo diz: “Ei, estamos buscando pessoas de má vontade. Temos disponível uma vaga muito bem remunerada para inimigo.” Se você compreende as pessoas de poder, os tomadores de decisão, os líderes políticos, os agentes influentes e de mudança, você sabe que eles nem sequer sabem que os inimigos existem. Então, por que você deveria? Meu pai costumava sempre me dizer: “Filho, não lhes dê um alfinete para te espetarem.”

Uma vez eu estava passando por algo, e Tyler Perry me chamou e disse: “Steve, quando escrevem sobre você em um blog, é apenas uma opinião no blog. Se você responde, é uma coletiva de imprensa.”

Você não tem tempo para pessoas pequenas. Você não tem tempo para a oposição. Caso queira lidar com ela, a única maneira de neutralizar uma pessoa hostil é através do sucesso. E, em momento algum lhe servirá de alguma coisa enfrentar um opositor, seja da forma, da maneira ou do estilo que for. Você estará simplesmente colocando um holofote sobre uma pessoa estúpida. Você estará dando brilho para uma pessoa que não o tem.

Aprendi a me autodominar ao observar o presidente dos Estados Unidos, Barack Obama. Nunca vi um homem tão nobre ou majestoso diante da adversidade. Ele poderia parar e enfrentar, mas não o faz. Ele apenas caminha firme na sua tarefa de ser o presidente diante de uma adversidade intensa. Podemos dizer a mesma coisa sobre Nelson Mandela, Martin Luther King Jr., John F. Kennedy, Gandhi e Madre Teresa.

O reverendo Billy Graham tem um livro maravilhoso chamado *A caminho de casa.* Este homem dedicou sua vida a ensinar a justiça e a Palavra de Deus às pessoas. No entanto, ainda houve quem o criticasse. Ao longo da história, é possível ver exemplos de pessoas que foram atacadas. Entretanto, elas continuaram a colocar um pé depois do outro e continuaram a subir até o próximo degrau.

Você não tem tempo nem pode gastar energia para abordar a oposição. Eles não têm poder sobre você, a menos que você dê este a eles. Martin Luther King Jr. disse algo que vou sempre lembrar. Ele disse: "Um homem não pode montar nas suas costas a menos que elas estejam curvadas." Não se curve. Fique ereto. Continue a subir.

Não se passa uma semana sem que alguém tenha algo a dizer sobre Steve Harvey. Não tenho nenhum problema para permanecer de pé no meio da opinião pública, porque decidi, anos atrás, que eu nunca daria a ninguém o poder de definir quem eu sou. Vivemos em um país livre, onde as pessoas podem dizer qualquer coisa que queiram sobre mim, mas no final do dia, *eu* escolho, e vou dizer isso novamente, *eu* escolho como essas palavras vão afetar a mim e ao meu destino. E faço a escolha todos os dias para não deixar que a negatividade de alguém me impeça de atuar completamente sob o meu dom divino.

As pessoas que ficam presas na lama e no atoleiro de seu tormento vão cuspir seu veneno nos outros apenas para se desviar de suas lutas do dia a dia. Por alguns dias podemos resistir a tiros aleatórios melhor do que os outros. A questão é: como você se mantém motivado e se move rumo aos seus objetivos em um ambiente repleto de negatividade?

Como a negatividade aparece em nossas vidas?

Sempre haverá algum tipo de energia negativa surgindo em sua vida. Seja partindo de um colega de trabalho, de uma pessoa aleatória na rua ou, infelizmente, de seu cônjuge, enquanto você estiver chutando e respirando, com certeza haverá negatividade rumando em sua direção. Ela pode aparecer como qualquer energia pessimista, crítica ou energia prejudicial que tira você do seu percurso rumo ao sucesso. Se você não for cuidadoso, essa energia negativa não só vai tirá-lo do percurso, mas também vai, de fato, consumi-lo. Antes que saiba disso, você vai passar um dia inteiro pensando: "Eu era realmente tão ruim?" ou: "O que eles quiseram dizer com isso?" Então, como podemos retomar o nosso poder e seguir a nossa jornada com a cabeça erguida?

Temos que aprender a ser hábeis em desviar a energia negativa e a manter nossos olhos focados em nossa visão. Veja a Oprah. Sua visão e ambição para criar a rede OWN (Oprah Winfrey Network) é um grande exemplo de alguém que foi bem-sucedido apesar de seus opositores. Seus críticos a estavam considerando uma perdedora quando ela deu início à OWN. Não se podia abrir um jornal ou ler um blog sem que tivesse alguém batendo na mesma tecla, falando sobre a baixa audiência do canal ou dizendo: "Quem ela pensa que é para começar sua própria rede de tevê?" ou "Ela deveria ter simplesmente seguido em frente e se aposentado no *The Oprah Winfrey Show.*" Ainda bem que Oprah não precisa da validação de ninguém para manter sua visão e seguir em frente. Ela continuou a fazer o que faz de melhor: superou as expectativas de todos ao tornar a OWN rentável em menos de três anos, com programas de qualidade, como o *Iyanla,* o *Fix My Life* e o *The Haves and the Have Nots* de Tyler Perry. Oprah poderia muito bem ter pegado seus bilhões e partido para uma ilha em algum lugar, depois do fim do *The Oprah Winfrey Show*. E, para dizer a verdade, eu não teria ficado bravo com ela por isso. No entanto, a motivação dessa mulher para vencer, ser bem-sucedida e, o que é mais importante, para ensinar e compartilhar com os outros ao longo do caminho é algo realmente para se contemplar.

Eu me lembro dos meus primeiros meses apresentando o *The Steve Harvey Show* na televisão, quando Oprah pessoalmente me ligou. Depois que um dos meus episódios foi ao ar, ela disse: "Steve, não deixe que essas pessoas o façam desistir de ser quem você é. Você tem que ser fiel a *você.*" O fato de a rainha da televisão diurna reservar um momento para me telefonar e me ajudar a manter a minha visão em foco e o meu avanço na direção certa significa mais para mim do que eu jamais conseguiria expressar.

Siga o exemplo dos passos da Oprah. Você definitivamente vai ter inimigos vindos da esquerda e da direita. Quem você será diante de seus críticos? Você vai cair sob o peso da opinião do outro? Ou vai estar à altura do desafio e deixar que seus inimigos o motivem em direção a um sucesso ainda maior?

Aqui estão os quatro tipos de opositores com os quais você precisa ter cuidado:

O opositor "eu odeio tudo"

Pode ser um dia lindo sem uma nuvem no céu, e o opositor "eu odeio tudo" vai encontrar um motivo para reclamar. Mesmo quando acontecem coisas boas, eles parecem nunca sair de sua nuvem de desprezo. O que é assustador sobre este tipo de pessoa é que ele está sempre irritado com alguma coisa que aconteceu há tanto tempo, que ele mal consegue se lembrar dos detalhes. O mundo todo seguiu em frente, mas eles estão presos em um momento e não sabem como fugir. Este tipo de energia pode ser a pior, porque é obsessiva e persistente.

Você também tem que lembrar que a energia proveniente dos opositores "eu odeio tudo" quase nunca tem a ver com você. Eles não querem ficar presos ao próprio sofrimento mais do que você. Mas, como não conseguem enxergar a saída, eles se lançam contra a pessoa mais próxima a eles. Portanto, se acontecer de você estar no caminho deles, repudie a negatividade e siga sua vida.

Pare de lhes dar espaço para estocar a negatividade e eles vão parar de enviá-la para você. Você percebe quanta energia negativa permitimos que nos enviem? Você já conheceu alguém que tenta encontrar maneiras de discutir com você? Eles conhecem seus botões, os apertam o tempo todo, e você, como um relógio, responde. Não fique sentado e se deixe abusar, pelo contrário, mova-se e force-os a levar a negatividade deles para outro lugar. Percebo que com a família e mesmo com os cônjuges isso pode ser um desafio. Mas, em alguns relacionamentos, infelizmente somos forçados a optar entre a paz de outra pessoa ou a nossa própria. Não ouse deixar que a energia deles destrua o seu sucesso.

O opositor que "te arrasta para baixo"

O opositor que "te arrasta para baixo" é alguém que te odeia porque deseja ser você. Entretanto, em vez de agir como você para chegar onde você está, ele prefere te arrastar para baixo com ele, roubando *sua* energia, seus sonhos e seu sucesso. O mundo fez um grande trabalho ao produzir esse tipo de inimigo, uma vez que reduzimos as mensagens positivas sobre os dons das pessoas e aumentamos as mensagens que fazem com que as pessoas se sintam no direito de ter coisas que não são para elas.

A mídia social deu a esse inimigo uma ferramenta de poder novinha em folha. Houve um tempo em que seus opositores ficavam presos em seu mundo físico. Agora, no Facebook, você pode ter um inimigo do outro lado do país que simplesmente o odeia, porque você está vivendo a vida que ele deseja. Embora possa parecer ridículo, isso mostra como este tipo de energia negativa está difundida. Ela pode vir de qualquer um que admire sua vida secretamente, mas que não sabe como homenageá-lo.

No outono de 2005, comecei um novo contrato no rádio, em Nova York, com difusão em apenas quatro mercados. As pessoas à minha volta, que achei que deveriam ter me dado apoio, estavam falando pelas minhas costas e dizendo que eu estava cometendo um grande erro. Não posso dizer quantas estavam rindo de mim. Mas eu estava determinado a construir um império no rádio que iria abastecer o próximo nível da minha carreira. Trabalhei duro, mantive o foco e, antes que eu percebesse, *The Steve Harvey Morning Show* tinha expandido para 72 mercados.

O OPOSITOR "SITUACIONAL"

Os opositores situacionais são hipócritas que vão usar você em benefício próprio. Eles são como piranhas na água à espera de levá-lo para baixo a qualquer momento. Vão competir com você para tirar proveito de uma nova oportunidade. Vão mentir e espalhar desinformações sobre o seu caráter e seu desempenho. Esses inimigos são espertos, mas a melhor forma de estabelecer limites é manter os seus planos e suas ambições para você mesmo. Se não tiverem nenhuma informação, eles não terão nenhum poder sobre você.

O OPOSITOR QUE "SE ODEIA"

O opositor que "se odeia" frequentemente é um dos mais difíceis de derrotar, pois é o que olha de volta para você no espelho todos os dias. Há momentos em que a negatividade proveniente do mundo não é nada se comparada com a energia negativa que depositamos em nossas próprias vidas. A baixa autoestima, a dúvida, a vergonha e o pessimismo matam mais sonhos e bloqueiam mais jornadas de sucesso do que qualquer inimigo externo.

Quando você é o seu próprio pior inimigo, você tem que trazer sua própria luz. Quando você se aprisiona em seus próprios medos, você tem que encontrar as chaves para se libertar. Para superar seus medos, você tem que lembrar o quanto merece e o seu valor. Tem que levantar toda manhã e reafirmar esse talento que Deus colocou dentro de você. Você não pode deixar que seus medos, dúvidas e inseguranças o impeçam de se apoderar de seu destino.

Você pode lidar com a negatividade de qualquer um desses inimigos, mesmo que nunca tenha sido forte contra eles antes. Torne-se a energia positiva que será uma luz não apenas para si mesmo, mas para aqueles ao seu redor. O seu dom e a sua visão contam com isso.

CAPÍTULO 16

O EQUILÍBRIO MÁGICO DA VIDA

Ganhar riquezas na vida é mais do que apenas receber um salário. Ser verdadeiramente abastado significa que você investe tempo de qualidade em seu casamento ou relacionamento de longo prazo, devota seu tempo e energia aos seus filhos, faz de sua casa seu santuário e se mantém no nível máximo de sua saúde.

Para mim, as luzes do meu mundo são a minha esposa, Marjorie, nossos sete filhos e trabalhar em algo que realmente amo fazer. No entanto, para além dessas bênçãos, o sucesso também é o momento em que estou com minha família e tenho a energia e o estado de espírito para continuar a fazer o trabalho que eu amo. Atingir o equilíbrio certo entre a minha família, a minha carreira, a minha vida em casa e, sim, eu mesmo, só acontece quando crio um lugar para assegurar que cada área da minha vida receba atenção de qualidade. Aqui está a forma como você pode começar a apreciar e a saborear de verdade os tesouros que vêm junto com o seu dom.

Declínio do equilíbrio

Houve um período na minha carreira em que eu realmente sentia que era bem-sucedido. Eu tinha a carreira, o dinheiro, os carros e as roupas. Eu tinha finalmente subido para um nível, em minha carreira de comédia, onde eu podia ir aonde quisesse e comprar o que eu quisesse. No entanto, se eu fosse realmente honesto comigo mesmo, eu sabia que não estava muito feliz. Eu trabalhava duro e estava orgulhoso do meu sucesso, mas não era sempre a pessoa mais agradável para se ter por perto. Quando suas fichas não estão empilhadas de forma apropriada, você pode vir a ser bom em esconder a verdade do público, de seus amigos e até de sua família, mas, no final do dia, você sabe que não está tudo certo no seu mundo. Eu era um profissional de sucesso, mas estava perdendo as verdadeiras riquezas da vida. Eu tinha uma marca excepcional com uma biografia nada especial. Eu sabia que tinha que criar um sistema de vida que trouxesse equilíbrio na forma como eu considerava todos os aspectos do meu mundo e que me prepararia para receber *todas* as riquezas da vida em vez de riquezas apenas financeiras.

O seu mundo está fora de equilíbrio atualmente? Se estiver, você não está sozinho. As demandas da sociedade de hoje praticamente nos forçam a trabalhar uma centena de horas por semana para que nos tornemos sócios ou a gastar umas 120 horas só para que nos tornemos empreendedores. E, se você tem filhos, sua agenda se torna ainda mais caótica, com lição de casa e programas após as aulas, além de atividades de final de semana. Depois é preciso considerar o tempo para fazer exercícios, comer direito, frequentar a sua igreja e ter um tempo significativo apenas para você.

Não acredito que o verdadeiro equilíbrio tenha a ver com a equidade do tempo. Haverá momentos em que será preciso colocar mais horas no trabalho, porque o custo da escola do seu filho depende da renda extra ou em que será necessário gastar mais tempo em casa, porque seu cônjuge precisa de apoio. Torna-se indispensável encontrar formas flexíveis para estar com a família quando a sua agenda se torna mais exigente, ou para negociar opções alternativas de trabalho com seu empregador, como trabalhar à distância ou em horários de menor movimento, para que você possa estar com a sua família e ainda pagar as contas. E todos temos que encontrar formas de aproximar o nosso bem-estar físico do topo de nossas prioridades, uma vez que, sem saúde, nós simplesmente não conseguimos funcionar. Então, você está pronto para criar um Equilíbrio do Sucesso que funcione para a sua vida?

A fórmula do sucesso

Esta é uma fórmula simples que adotei para minha vida, e quero que você encontre maneiras de adicionar isso à sua vida também. Eis a fórmula:

CASA + SAÚDE + FINANÇAS = SUCESSO

A beleza desta fórmula é que, desde que esteja adicionando esforços a cada componente a cada semana, você sempre conseguirá manter um equilíbrio. Há um porém: sob nenhuma circunstância suas prioridades em relação à sua casa, saúde ou finanças podem receber menos do que 5% de sua atenção a cada semana. Vamos nos aprofundar em cada área e explorar opções para você investir o seu tempo de modo a maximizar o seu dom e se posicionar para que receba todas as riquezas da vida.

Como proteger o lar

A palavra "lar" assume um significado diferente para cada um. Seu "lar" pode ser a família imediata que vive sob o seu teto ou o seu círculo íntimo de amigos que são como irmãos e irmãs para você. Entretanto, quem quer que venha a colher os benefícios do seu sucesso, você tem que ter certeza de que você está investindo o tempo e a energia adequados com as pessoas que são mais importantes para você. Por quê? A resposta é óbvia: pelo fato delas enriquecerem a sua vida.

Todos nós temos nossas "Desculpas de Sucesso" para não passar tempo o suficiente em casa. Aqui estão algumas delas:

"Meu bem, você sabe que estou trabalhando tantas horas para poder ganhar dinheiro para *você*!"

"Sinto muito, filho. O papai estava muito cansado para ir ao seu jogo hoje."

"Eu sei que prometi encontrar com você nas últimas duas semanas, mas este projeto está *me matando*!"

Nas palavras famosas de Billy Dee Williams, no filme *Mahogany*, um clássico de 1975: "O sucesso não é *nada* sem alguém a quem se ama para compartilhar." O nosso sucesso não pode existir quando não temos o tempo, o espaço e a energia para compartilhar com aqueles que amamos. Trate a sua casa e sua família como uma prioridade SAGRADA e certifique-se de que todos compreendem o que isso significa. Certifique-se de que todos que visitam sua casa saibam as regras dela e respeitem o lugar que você chama de lar. Não deixe que ninguém chegue à sua casa e viole a paz e a serenidade que você criou para você e sua família.

Seu lar também tem a ver com a criação de um espaço que se torne o seu santuário. Quando recebi o meu primeiro salário significativo, um amigo veio até a minha casa e me disse que eu precisava contratar um especialista em feng shui. Ora, sou apenas um garoto simples do interior e, com certeza, eu não sabia o que era feng shui nem estava interessado em ter nada chamado feng na minha casa.

Entretanto, depois que soube que o feng shui era uma técnica para alinhar o meu ambiente com as prioridades da minha vida, fiquei aberto a isso. Chamei especialistas à minha casa para que apresentassem, a mim e à minha esposa, novos padrões de cores para que, supostamente, estimulassem a paz e a prosperidade. Eles nos apresentaram maneiras específicas de organizar a mobília, de modo a chamar energia positiva e atrair riqueza. Na verdade, não sei se todo esse feng shui realmente funcionou (pedi que meu pastor viesse e abençoasse a casa, por via das dúvidas!), mas o fato de ter todos os elementos do nosso espaço em ordem fez uma diferença enorme na verdadeira transformação de nossa casa em um lar.

Aqui estão algumas maneiras específicas de criar tempo de qualidade para a família:

1. Crie um tempo dedicado à família.
2. Agende um momento com a sua pessoa especial.
3. Crie a hora da diversão com os filhos.
4. Orem e fiquem juntos.
5. Trabalhe na sua lista de tarefas domésticas.
6. Considere contratar ajuda.

Como honrar a saúde

Tenho um compromisso de me exercitar todos os dias às 03h45 da manhã, independentemente de estar em casa ou na estrada. Por quê? Porque a minha visão exige. A minha agenda diária inclui apresentar *The Steve Harvey Morning Show* das 6h00 às 10h00, produzir e estrelar *The Steve Harvey Show* das 11h30 às 19h30 e, depois disso, volto para casa para assumir meus deveres de marido e pai. Mesmo que eu tivesse dez anos a menos, não haveria outra maneira de administrar uma agenda exigente como a minha sem a energia e a resistência que adquiro me exercitando.

Aqui está uma típica agenda de Steve Harvey:

3h15	Acordar/orar
3h45	Fazer exercício na academia
4h45	Relatório de estúdio para o programa de rádio
5h00	O programa de rádio começa
9h00	O programa de rádio termina
10h00	Conferências telefônicas e atualizações de negócios
10h30	Reuniões de produção do *talk-show* diário
11h00	Cabelo e maquiagem/vestir-se
11h30	Gravar programa nº1
14h30	Almoço/conversar com sra. Harvey; atualizações de negócios e conferências telefônicas
16h45	Gravar programa nº2
18h45	Finalizar a filmagem
19h00	Reunião de produção após o programa
19h15	Partir para casa
20h00	Retomar os deveres de marido e pai em casa

No final do dia, sua saúde é sua riqueza. Temos que investir tempo para alinhar o nosso bem-estar físico, mental e espiritual. Como recebemos um único corpo para fazer o nosso trabalho aqui na Terra, temos que levar a sério o nosso descanso, comer bem e ficar em forma. Descubra o que funciona para você e obtenha mais informações do negócio que vai dar ao seu templo a energia necessária para trabalhar o seu dom e cumprir o seu propósito. Se estiver acomodado em relação à sua saúde, aqui vão algumas dicas para mantê-lo em movimento na direção certa:

- Certifique-se de agendar (e manter!) seus exames médicos anuais.
- Reserve um horário para fazer algum tipo de atividade física todos os dias, mesmo que tenha que começar fazendo apenas 20 minutos.
- Escolha uma dieta saudável que lhe dê a maior quantidade de energia e de força para o seu estilo de vida.
- Corte qualquer consumo excessivo de álcool de sua dieta.
- Beba bastante água.

Não sou médico, mas sei que a sua saúde faz parte tanto de sua riqueza quanto os dígitos da sua conta bancária. Dê ao seu corpo o que ele precisa para que você possa ter a vida que deseja.

Renda-se ao seu espírito

O meu objetivo aqui não é prescrever um determinado sistema de crença ou fazer você se sentir culpado por deixar de lado a igreja com uma constância maior do que a frequenta. Mas eu o incentivo a encontrar uma maneira de se render ao seu espírito diariamente, seja através da oração, da meditação, de um templo religioso ou através da vinculação a um grupo pequeno de pessoas com interesses afins. O que quer que o ajude a lembrar que há um quadro maior e um propósito maior para a sua vida, entre em sintonia com esse veículo para o seu espírito e mantenha essa conexão ativa.

Como monitorar sua saúde mental

O estresse e as pressões de nossas vidas exigentes têm a capacidade de prejudicar significativamente a nossa saúde e o nosso bem-estar, se não prestarmos atenção. Se você sente que está rumando para uma posição emocional perigosa, a ponto de não ser suficiente falar com um amigo ou com um líder espiritual de confiança, não, eu repito: NÃO seja orgulhoso demais a ponto de não querer se tratar com um profissional de saúde mental. Independentemente da raça, do sexo ou do status econômico, não podemos nos dar ao luxo de não levar a nossa saúde mental a sério, se quisermos desfrutar completamente de nosso sucesso e da paz e da felicidade com aqueles que amamos.

Como colocar suas finanças em ordem

Seja você um recém-formado que está apenas começando ou alguém com múltiplos negócios com seu nome neles, você pode ser mais diligente e proativo em relação às suas finanças. Esses passos podem ser tão pequenos quanto comer fora com menos frequência ou tão grande quanto refinanciar a dívida da sua casa. Pessoas bem-sucedidas sabem como usar seu dinheiro com sabedoria hoje e se estabelecem de forma poderosa para o futuro.

Há alguns anos, logo depois que Marjorie e eu nos casamos, fui atingido por uma dívida fiscal da ordem de 20 milhões de dólares. Acordei e me deparei com o pesadelo ao descobrir que o meu contador não tinha declarado os meus impostos por quase seis anos. Aqui estava eu com a mulher dos meus sonhos, enfrentando um buraco financeiro tão profundo que iria levar um mínimo de doze anos para sair dele.

Abri o jogo para a Marjorie, e comecei a trabalhar duro. Eu pegava qualquer palestra, sessão de autógrafos e presença em eventos que podia encontrar. Vivia literalmente no aeroporto, mas eu queria mostrar para minha esposa que eu estava falando sério sobre colocar nossas finanças em ordem. Após assinar um acordo estratégico para vender minha rede de rádios, fui abençoado com o pagamento daquela dívida na metade do tempo. Essa experiência me ensinou que nunca mais quero ter uma nuvem financeira como aquela que pairou sobre a minha vida.

Ter saúde financeira quer dizer considerar a sua situação financeira por inteiro. Aqui estão algumas áreas a serem consideradas:

- Você sabe a diferença entre a dívida boa (por exemplo, comprar uma casa ou apartamento ou investir na educação do seu filho) e a dívida ruim (por exemplo, carregar grandes saldos em cartões de crédito de juros altos)?

- O que você pode fazer para reduzir sua dívida ruim e aumentar os pagamentos de sua dívida boa?

- Você está disposto a acompanhar os seus hábitos de consumo para ver onde você pode reduzir?

- Você está guardando o suficiente para a sua aposentadoria ou para a faculdade de seu filho?

- O que você pode fazer para melhorar seu limite de crédito?

- Você pode saldar o seu cartão de crédito com a maior taxa de juros?

- Você pode obter a menor taxa de juros em qualquer um dos seus cartões de crédito?

Todos esses fatores determinam a saúde das suas finanças. Aqui estão cinco coisas que toda pessoa orientada para o sucesso deve ter para adquirir uma base financeira sólida.

1. CRIE UM ORÇAMENTO MENSAL. Desenvolver um orçamento (e cumpri-lo!) é essencial para criar responsabilidade financeira para você e sua família.

2. ABRA UMA CONTA CORRENTE E UMA CONTA POUPANÇA. As pessoas bem-sucedidas sabem como conduzir seus negócios de forma honesta. Encontre um banco no qual você confie e comece a criar o seu futuro financeiro.

3. POUPE, POUPE, POUPE. Seja cinco dólares por semana seja dez por cento do seu salário, o que puder fazer de forma confortável, invista em sua vida e em seu futuro poupando AGORA.

4. FAÇA DECLARAÇÃO DE IMPOSTOS. É simples: pague seus impostos dentro do prazo todo ano. O leão não tem consideração pelo seu status social (Basta perguntar para qualquer celebridade que tenha achado que poderia escapar de pagar impostos!)

5. INVISTA NA INSTRUÇÃO FINANCEIRA DE SEU FILHO. Converse com seus filhos AGORA sobre a importância do orçamento, da poupança e do investimento.

Depois de ter as noções básicas, você pode considerar o seguinte:

- CONTRATAR UM PROFISSIONAL DA ÁREA FINANCEIRA. Quando você chega a um ponto em que precisa de ajuda extra para fazer suas declarações de impostos ou diversificar sua gama de investimentos, é hora de considerar a contratação de um contador ou um planejador financeiro. Se decidir contratar um profissional, certifique-se de que tenham um relacionamento aberto em que você possa consultar suas finanças a qualquer momento. Afinal, esse é o *seu* dinheiro!

- CRIAR OPORTUNIDADES DE INVESTIMENTOS MÚLTIPLOS. Procure formas de diversificar seus investimentos financeiros.

Lembre-se, suas finanças, assim como sua saúde e sua casa, são simplesmente tão bem-sucedidas quanto o seu investimento em tempo, em energia e em excelência pode lhes proporcionar.

CAPÍTULO 17

DEUS TE ABENÇOA PARA QUE VOCÊ SE TORNE UM ABENÇOADOR

A minha mãe era professora da escola dominical. Perdi a conta do número de lições que ela me ensinou quando eu tinha vinte anos de idade. Aos 57 anos, se eu tentasse relembrar todas elas, daria outro livro. Uma das coisas que ela sempre dizia para mim era: "Deus te abençoa para que você se torne um abençoador." Eu compreendi isso espiritualmente, mas vamos tirá-la do reino espiritual. Quero mostrar a você por que ser uma bênção para alguém é um dos princípios mais importantes do sucesso.

Uma das coisas que descobri logo cedo é que, quanto mais pessoas você ajuda a se tornarem bem-sucedidas, mais bem-sucedido você se torna. Quando você compartilha suas bênçãos com alguém, está cumprindo o seu propósito neste mundo como um ser humano. Estamos todos aqui para ajudar um ao outro. Quando você recebe um pouco de sucesso, em qualquer nível que seja, é sua obrigação ensinar isso ou compartilhá-lo com alguém. O que tenho visto com pessoas muito bem-sucedidas é que, quanto mais elas dão, mais Deus as coloca em posição para continuarem a dar mais. Este é um princípio que escapa a muitas pessoas. Não é o bastante ter uma casa grande em uma montanha e não mostrar a ninguém como obtê-la. Ou você estará lá em cima sozinho e isso não tem a menor graça.

Aprendemos essa lição de quando éramos crianças: você não pode jogar amarelinha sozinho. Você não pode pular corda sozinho. Você não pode brincar de esconde-esconde sozinho. Todas as brincadeiras quando éramos crianças eram mais divertidas quando compartilhávamos com outras crianças. É sempre melhor quando você compartilha a experiência com alguém. Não perca o conceito que você aprendeu na infância, agora que você é um adulto e quer entrar no aspecto dinheiro de sua vida. Não perca esse princípio simples de compartilhar. Não pare de jogar junto agora.

Eu adoro o jogo de golfe, mas não se pode aprender a jogar e depois sair e jogar sozinho todo dia. O golfe é um grande jogo, no qual você passa a desfrutar da camaradagem, se envolve em competição, passatempo com a família e com os amigos e curte alguns dos lugares com as mais belas paisagens que poderá ver. Isso é o que torna o golfe incrível para mim. É melhor estar no campo com alguém mais no carrinho. Posso recorrer a um dos meus amigos para lhe pedir que tire uma foto minha. É importante que você compartilhe o seu sucesso e o seu prazer com alguém em sua vida. O que há de bom em ver uma bela paisagem se não tem ninguém para ver com você? Todo grande momento na vida é melhor quando compartilhado.

Quando recebo um prêmio e minha esposa está sentada na plateia, é muito melhor, porque ela está ali para testemunhar o acontecimento. Quando ganhei minha estrela na Calçada da Fama de Hollywood, a melhor parte foi que os meus filhos puderam compartilhar aquele momento comigo. A bênção também foi que os meus amigos e colegas estavam lá para comemorar. O dr. Phil disse algumas palavras de felicitações, Ellen fez um discurso repleto de palavras gentis, e Cedric e todo o elenco do *The Steve Harvey Show* estavam lá. Consegui compartilhar esse grande momento da minha vida com as pessoas que mais importam para mim.

Quando você entende que Deus abençoa você para que se torne um abençoador, isso pode abrir sua vida e transformá-la. Quanto mais o nosso Criador confia em nós, mais ele pode confiar a nós.

Quando dou a alguém menos afortunado o máximo possível para mudar sua vida, isso se reverte ainda mais para mim. Quando envio uma criança para a escola, que de outra forma não teria condições de ir, Deus me coloca em uma posição de receber mais recursos para enviar mais dez crianças para a escola. Alguns de vocês podem perguntar: "Steve, por que você está pegando o seu dinheiro e mandando as crianças para a escola?" Eu perguntaria isto: "Por que continuo a receber dinheiro para mandar todas essas crianças para a escola?" Quando você compreende que Deus te abençoa para que você se torne um abençoador, vai perceber que retribuir vai se tornar uma parte importante do seu sucesso.

Não sei se você notou, mas quando as pessoas ricas se reúnem, elas apoiam causas umas das outras com cheques, cheques gordos. Os menos afortunados podem não ser capazes de fazer isso. Eles às vezes não apoiam as causas uns dos outros, em nenhum nível, mesmo quando poderiam compartilhar de várias maneiras que não envolvem dinheiro. As pessoas ricas o fazem porque recebem dinheiro. Elas veem o compartilhamento como um dever fundamental.

O que você acha que é o baile de gala do Met? Tudo o que a mídia mostra é a parte *fashion*, mas o *Met Gala Ball* é, na verdade, um evento que permite a doação para uma causa nobre, nesse caso o *The Metropolitan Museum of Art de New York*. Isso faz com que as pessoas se sintam bem em retribuir. Em grandes empresas esse princípio é chamado de ROI, ou retorno sobre o investimento. As pessoas bem-sucedidas entendem que retribuir, no final das contas, melhora o resultado final delas. As pessoas bem-sucedidas são condicionadas a dar. Quando você compreende o quanto o ato de dar é poderoso, você terá mais para dar.

Você não precisa ser rico para abraçar esse princípio. Pode começar em um nível menor. Pode doar o seu tempo recolhendo alimentos para uma instituição local. Pode passar algum tempo ajudando o seu pai idoso com pequenas incumbências. Pode doar o seu tempo em uma feira estudantil.

"A quem muito é dado, muito será exigido"

A minha mãe também me ensinou: "A quem muito é dado, muito será exigido." As exigências são grandes para aqueles a quem muito foi dado. À medida que você sobe mais alto, vai ter que se tornar mais de tudo. Quanto mais recebe, mais lhe será exigido. Você tem que assumir mais reuniões, tornar-se mais articulado e ser um melhor gerenciador do tempo. Não gosto de ler teleprompter, mas agora que estou na televisão, tive que me acostumar a eles. Gravo muitos programas e quadros, falo com muitas pessoas, e é muita coisa para me lembrar de tudo. Portanto, tive que aprender a ler o teleprompter. A quem muito é dado, muito será exigido. Tive que me tornar mais eficiente e mais proficiente.

Se não aderir à parte da exigência, a parte do recebimento cessa. Deixe-me ser o mais franco possível: não me importo de reservar um tempo para escrever este livro e compilar essas informações, porque percebo o quanto sou abençoado por ser capaz de fazer isso. Tenho apanhado no processo de aprendizagem com essas informações. Tomei um monte de pancada enquanto organizava essas informações, mas isso não me impediu de reservar um tempo em uma agenda lotada, como apresentador de rádio em tempo integral, como apresentador de televisão em tempo integral, como apresentador de *game-show* em tempo integral, como marido em tempo integral, como pai em tempo integral, como homem de negócios em tempo integral e com uma agenda de turnê em tempo integral. E, com isso, consegui parar e escrever um livro que, espero, virá a beneficiar outras pessoas. Neste momento da minha vida, tenho a obrigação de prover educação às pessoas e lhes dar as ferramentas que as ajudarão a ser mais bem-sucedidas. Agora é uma obrigação.

Não há necessidade de ficar irritado com o pastor que coloca em circulação um cesto de coleta quando você está sentado lá se beneficiando da Palavra e de sua mensagem. Não pode ficar irritado com o banco por ele fazer dinheiro com o seu dinheiro, pois o banco está guardando o seu dinheiro para você. Não pode ficar bravo com o presidente de uma ONG por causa do volume de dinheiro que ele recebe. Ele está ajudando a milhares de pessoas. Você não pode ficar bravo com o processo. Em vez disso, aprenda com o exemplo. Torne-se uma das pessoas que estão dispostas a compartilhar, educar, doar, ajudar, inspirar, liderar e impulsionar. Depois disso, observe e veja o que surge em seu caminho.

As pessoas acham que quanto mais dinheiro recebem e agarram para si, mais terão. Em uma visão imediatista, isso é verdade. Mas, no final, o chamado vai vir porque, a quem muito é dado, muito será exigido. Se você faz o dinheiro e tenta agarrá-lo para si, Deus pode não confiar mais em você em relação ao lado da exigência e, portanto, a doação cessa. Basta perguntar a qualquer pessoa que já teve isso tudo e que depois perdeu. Se forem honestas com você, vão atestar esse princípio.

O sucesso não diz respeito apenas à sua capacidade de conseguir, mas também à sua capacidade de servir por meio do compartilhamento. O verdadeiro sucesso vive em nossos legados. Se você é capaz de servir como modelo para a próxima geração, aqueles que crescem a níveis maiores farão parte tanto do seu legado quanto de suas próprias realizações.

Outra chave para o verdadeiro sucesso é a gratidão e o reconhecimento. Essas emoções são demonstradas ao compartilhar com os outros. O seu sucesso não deveria ser apenas para você, mas também uma bênção para os outros. Estou falando realmente de chegar ao âmago do que abastece o seu dom, o que vai sustentar o seu dom quando houver mais dias em um mês do que dinheiro em sua conta no banco, e o que é preciso para se manter confiante em sua visão contra todas as probabilidades.

Até agora, você sabe que o seu dom é aquilo que você faz e pode fazer melhor do que praticamente qualquer outra pessoa. Deus não vai simplesmente abrir a porta da oportunidade para você usar o seu dom, se você não fizer a sua parte, que é usar e compartilhar o seu dom sempre que puder. Mateus 25:23 diz: "Muito bem, servo bom e fiel! Você foi fiel no pouco, eu o porei sobre o muito." Quando você domina os "poucos" obtém os "muitos". Quando realmente ama o seu ofício, não se importa de fazê-lo de graça ou de reservar um tempo para orientar alguém que está subindo nas posições atrás de você.

Você reconheceu o seu dom. Quando começar a caminhar utilizando-o, o SUCESSO vai começar a segui-lo onde quer que você vá. Passe adiante.

AGRADECIMENTOS

Se eu fosse agradecer a todas as pessoas que me ajudaram a chegar a este ponto da minha vida em que me encontro, na posição de escrever sobre sucesso, ficaríamos sem papel. Deixe-me apenas resumir dizendo que quero agradecer a todos os que fizeram parte, em qualquer proporção, do sucesso que alcancei. Vocês sabem quem são, e quero agradecer a todos vocês.

Gostaria de agradecer a todas as pessoas que desempenharam qualquer papel e qualquer participação. Vocês significam muito para mim. Quero agradecer aos meus mentores, mesmo aqueles que me orientaram sem nem mesmo me conhecerem. Quero agradecer às pessoas que escreveram palavras cativantes e sábias. Quero agradecer a vocês todos por isso, porque, sem vocês, não sei se eu estaria onde estou hoje.

Meu agradecimento é para Deus Todo Poderoso, o Criador. É de minha convicção que Deus enviou todos vocês ao meu caminho. Certo ou errado, bom ou mau, positivo ou negativo, vocês foram todos colocados no caminho para criar a pessoa que me tornei. Embora eu seja um produto inacabado, agradeço a Deus por quem sou e onde estou. Agradeço a ele por todos vocês. Agradeço a ele, acima de tudo, por sua graça e sua misericórdia. Agradeço a ele por seu perdão. Agradeço a ele porque ele não é um *assassino* de sonho, mas um realizador de sonho. Agradeço a ele por toda a sua orientação, suas palavras, suas escrituras. Agradeço a ele pela minha vida. Ele é a razão de tudo o que sou hoje. Ele é a espinha dorsal de tudo.

Gostaria de agradecer aos meus filhos, Brandi, Karli, Morgan, Broderick, Jason, Lori, e Wynton, por fornecerem a constante inspiração para que eu seja o meu melhor para eles. Quero, especialmente, ser um homem para eles terem como modelo e admirar mesmo muito tempo depois que eu partir.

Assinado,

Um soldado imperfeito de Cristo,
Steve Harvey

SOBRE O AUTOR

STEVE HARVEY, autor de *Comporte-se como uma dama, pense como um homem,* best-seller do *The New York Times,* começou a fazer comédia *stand-up* em meados dos anos 1980. Em 1997, Harvey fez uma turnê como um dos The original kings of comedy, junto com Cedric the Entertainer e Bernie Mac. A apresentação de comédia mais tarde seria tema do filme de Spike Lee, *The Original Kings of Comedy*. Steve Harvey agora é apresentador de seu *talk-show* diário e do *game-show Family Feud,* além de apresentar o seu *Steve Harvey Morning Show* no rádio em cadeia nacional. É também fundador da Fundação Steve and Marjorie Harvey.

OUTRAS OBRAS DE STEVE HARVEY

Comporte-se como uma dama,
pense como um homem

Direto ao ponto: como encontrar,
segurar e entender os homens

Publisher
Kaíke Nanne

Editora executiva
Carolina Chagas

Editora de aquisição
Renata Sturm

Coordenação de produção
Thalita Aragão Ramalho

Produção editorial
Jaciara Lima

Copidesque
Thayane Assumpção

Revisão
Lara Gouvêa
Thamiris Leiroza

Diagramação
DTPhoenix Editorial

Este livro foi impresso no Rio de Janeiro, em 2015, pela Edigráfica para a Agir.
O papel do miolo é Chambril Avena 80g/m² e o da capa é cartão 250g/m².